GERHARD FINN

MAUERN – GITTER – STACHELDRAHT

GERHARD FINN

MAUERN GITTER STACHELDRAHT

Beispiele politischer Verfolgung
in der Sowjetischen Besatzungszone
und in der DDR

WESTKREUZ VERLAG
BERLIN/BONN
GMBH

Impressum

Herausgegeben als Begleitbroschüre für die gleichnamige Wanderausstellung der Union der Opferverbände Kommunistischer Gewaltherrschaft (UOKG), 10963 Berlin, Stresemannstraße 90, Deutschland-Haus.

Titelbild: Linolschnitt von Sieghard Pohl

Die mit Farbstreifen versehenen Seiten beziehen sich auf diese Ausstellung und tragen den Titel der jeweiligen Ausstellungstafeln.

Hergestellt wurde die Ausstellung von der Antistalinistischen Aktion (ASTAK) Berlin-Normannenstraße e.V., 10365 Berlin, Ruschestraße 59, Haus I. Ausstellungsbau Meißner Expo-Systeme, 04303 Leipzig, Permoserstraße 15.

Ausstellung und Broschüre wurden vom Bundesministerium des Innern gefördert.

Die Deutsche Bibliothek – CIP-Einheitsaufnahme

Mauern, Gitter, Stacheldraht: Beispiele politischer Verfolgung in der Sowjetischen Besatzungszone und in der DDR; [Begleitbroschüre für die gleichnamige Wanderausstellung der Union der Opferverbände Kommunistischer Gewaltherrschaft (UOKG)] / Gerhard Finn. – Bad Münstereifel: Westkreuz-Verl., 1996

ISBN 3-929 592-21-5

NE: Finn, Gerhard; Union der Opferverbände Kommunistischer Gewaltherrschaft

Herstellung: Westkreuz-Druckerei Ahrens KG Berlin/Bonn, 12309 Berlin

INHALT

VORWORT

In den neuen Bundesländern ist in den letzten Jahren oft die Frage diskutiert worden, ob denn die DDR ein Unrechtsstaat gewesen sei oder nicht. Sieht man von politisch Gestrigen ab, kann man wahrscheinlich zwei Meinungsgruppen unterscheiden: jene, die in der DDR ohne Beschwerden politischer Art gelebt haben, und jene Menschen, die in der DDR aus politischen Gründen Verfolgungen bis hin zur Inhaftierung ausgesetzt waren.

Vor allem aus der ersten Gruppe kommen jene, die Schwierigkeiten mit der These haben, daß die DDR ein Unrechtsstaat gewesen sei. Es ist nämlich (insbesondere für „Wessis") eine irrige Annahme, daß man in einer Diktatur unter grundsätzlich unerträglichen Lebensbedingungen leben müsse. Auch in solchen Gesellschaftssystemen wie die des realen Sozialismus konnte man ein mehr oder weniger bürgerliches Leben führen. Bestimmte Bedürfnisse des Alltags wurden vielleicht sogar besser, d. h. bequemer für den einzelnen befriedigt, als im heutigen gemeinsamen Deutschland. Das ideologisch begründete Kollektiv bot vielen eine Art emotionaler Geborgenheit. Man erfuhr, insbesondere in Not- oder Mangelsituationen, ein positives Gemeinschaftserlebnis. Dafür gewöhnte man sich an (sofern man noch Erinnerungen „von früher" hatte) oder wuchs man hinein in gewisse Besonderheiten eines diktatorischen Systems oder nahm sie nolens volens in Kauf. Es lohnte sich nicht, wegen scheinbarer Kleinigkeiten wider den sozialistischen Stachel zu löcken, sich Unannehmlichkeiten zu machen, die erfahrungsgemäß in der Wohnbereichsgemeinschaft und im Betriebs- oder Parteikollektiv zu Weiterungen hätten führen können. Zugegeben, daß man nicht mal nach Westen reisen konnte oder daß man fürs berufliche Weiterkommen in die Staatspartei eintreten oder womöglich westverwandtschaftsfrei sein mußte, war nicht immer angenehm. Aber zur Erleichterung bot ja *die* Partei auch Erklärungen für ihre Maßnahmen an. Mit dem Einrichten in und arrangieren mit diesem Staat ging bei Millionen das Gefühl für Möglichkeiten und Risiken des Lebens in einer freiheitlichen, demokratischen Gesellschaftsordnung verloren – wahrscheinlich heute mit ein Grund, daß viele die Freiheit – die ja kein abstrakter Begriff ist, sondern gelebt und erlebt werden will – nicht einschätzen können und sich sogar nach der guten, alten DDR-Zeit sehnen. Freiheit ist auch nicht der höhere Lebensstandard mit dem sprichwörtlichen „Konsumterror". Es gibt Demokratien, die einen niedrigeren Lebensstandard haben als die DDR in ihren besten Zeiten. Damit ist auch die Frage

beantwortet, warum denn Millionen Menschen nicht *in* die DDR, sondern *aus* der DDR geflüchtet sind.
Und damit sind wir bei der zweiten, zweifellos viel kleineren, aber durchaus nicht kleinen Gruppe von ehemaligen DDR-Bürgern, die aus den unterschiedlichsten Anlässen und den unterschiedlichsten Gründen aneckten und Konflikte mit diesem Staat bekamen. Es ist seltsam: etliche der späteren Opfer, die gar nicht einmal bewußt oder aus politischer Überzeugung mit der Partei oder den Behörden kollidierten, merkten erst dann, welchen Charakter dieser Staat hatte. Erst dann fühlten sie die Einschränkung ihrer Persönlichkeitsrechte, spürten sie, daß zum Kollektiv mehr gehört als das heimelige Vertrautsein, der Zusammenhalt für das immer wieder notwendige „Organisieren" und der Selbsthilfe. Und erst im Konfliktfall wurde der Charakter des Abschnittsbevollmächtigten, des Hausobmanns oder des Parteisekretärs deutlich. Welche Macht sie plötzlich hatten und welche Verbindungen! Und wie kleinkariert sie plötzlich schienen, und welchen ideologieversumpften Verstand sie nun zeigten statt des vermuteten gesunden Menschenverstandes.
Es gab sie, die Gruppe der Opfer. Jene also, die zu Millionen der DDR den Rücken kehrten, jene, die Widerstand leisteten, jene, die an Möglichkeiten zur Verbesserung der Zustände glaubten, jene, die Opposition betrieben, um sich kleine Freiräume im Alltag zu verschaffen. Und vor allem jene, die aus politischen Gründen vom Staatssicherheitsdienst bespitzelt und in Haft genommen wurden. Nicht wegen der Angepaßten, nicht wegen der vielen mit ihrem DDR-Leben zufrieden Gewesenen muß die abgewirtschaftete DDR ein Unrechtsstaat genannt werden, sondern wegen ihrer Opfer. Auch das sogenannte Dritte Reich war ein (viel größerer und unmenschlich handelnder und insofern nicht mit der DDR gleichsetzbarer) Unrechts- und Terrorstaat, trotz seiner jubelnden Massen und der falsch verstandenen Treue, mit der bis zum bitteren Ende die Soldaten der Wehrmacht in den Tod gingen und die Zivilbevölkerung in den Trümmern ihrer Städte und Häuser an den verlogenen Endsieg glaubte. Die Überlebenden wollten später nie Opfer gesehen haben, hatten angeblich nie etwas von Konzentrationslagern und Geheimpolizei gehört. Viele meinten sogar entschuldigend, daß sie noch nie so gut gelebt hätten wie in den wenigen Jahren vor dem Krieg in Nazi-Deutschland. Der Unrechtsstaat läßt sich nicht am Scheidungsrecht oder an der Verfolgung von Verkehrsübertretungen messen. Die *politischen* Prozesse und Opfer zählen!
Natürlich gab es in der DDR auch bewußten politischen Widerstand gegen die kommunistische Diktatur. Gerade junge Menschen, die das Versagen und das Mitläufertum ihrer Eltern während der Nazi-Zeit vor Augen hatten, wollten nicht auch schuldig werden, wollten nicht tatenlos dem Ent-

stehen einer neuen Diktatur zusehen – einer Diktatur, die ebenso erbarmungslos und hart auf Flugblätter, Wandinschriften und „verbotene Literatur" reagierte wie ihre Nazi-Vorgängerin.

Diese kleine Ausstellung berichtet von Opfern der kommunistischen Diktatur. Es sind nur wenige Fälle von mehreren hunderttausend, deren Schicksal, deren Angst und deren Nöte sich aber ebensowenig darstellen lassen wie die Sorgen und Leiden der Angehörigen. Die Lebensläufe belegen, wie schnell jedermann mit einem Unrechtsstaat in Konflikt kommen kann, wie wenig konziliant solch ein Staat ist und wie rücksichtslos hart er „Staatsfeinde" und Regimegegner zu hohen Strafen verurteilt oder gar hinrichtet. Nicht von ungefähr gab es in der Sprache der „Tschekisten", wie sich die Verbrecher des Staatssicherheitsdienstes gern nannten, das oft benutzte Wort vom *Vernichten* des Staatsfeindes.

Die hier dokumentierten wenigen Fälle aus allen Jahrzehnten des Bestehens der DDR sollen den Betrachter, der nachzudenken bereit ist, zum Vergleich anregen, wie leicht auch er als DDR-Bürger hätte zum Opfer werden können, und jenem, der das Glück hatte, 40 Jahre westlich der Elbe gelebt zu haben, das Gefühl dafür vermitteln, warum es so schwierig ist, in diesen Monaten und Jahren nach der Wiedervereinigung Deutschlands miteinander „auf einer Welle" zu sprechen.

Beiden aber – dem Besucher der Ausstellung mit eigener DDR-Erfahrung und dem Besucher mit DDR-Erfahrung durch das Fernsehen und die Zeitung – können wir hoffentlich „nebenbei" auch vermitteln, welch ein Glück es ist, Bürger in einem freien Staat zu sein, den zu verteidigen und für den einzutreten es sich stets lohnt.

Zeichnung des ehemaligen politischen Häftlings Wilhelm Sprick zur Erinnerung an seinen Mithäftling G. Süß (s. Seite 17).

MAUERN – GITTER – STACHELDRAHT

Die politische Verfolgung in der Sowjetischen Besatzungszone (SBZ) und in der Deutschen Demokratischen Republik (DDR) läßt sich in mehrere, sich überschneidende Phasen einteilen:

1. Die Verfolgung unter der sowjetischen Besatzungsmacht mit Beginn der Besetzung deutschen Reichsgebiets bis 1950.
2. Die „gleitende" Übernahme der politischen Verfolgung und Strafjustiz durch DDR-Organe bis 1954 und die alleinige Weiterführung bis zum Mauerbau 1961.
3. Die Ausübung der politischen Repression mit justitiellen Mitteln mit unterschiedlichen Schwerpunkten nach politischen Vorgaben bis zum Ende der DDR 1989.

Die politische Verfolgung und Repression unter der sowjetischen Besatzungsmacht

Unmittelbar nach der kämpfenden Truppe der Sowjetarmee richteten bei Erreichen der deutschen Grenze Einheiten der sowjetischen Geheimpolizei (NKWD) unter Leitung von sogenannten Frontbevollmächtigten bei den fünf sowjetischen Armeen provisorische Lager und Gefängnisse ein. „Operative Gruppen" der sowjetischen Geheimpolizei inhaftierten Deutsche, die ihnen verdächtig vorkamen oder möglicherweise die Sicherheit der Besatzungsmacht hätten gefährden können. Während der letzten Kriegsmonate und in den ersten Monaten nach Kriegsende wurden zwei Personengruppen in Lagern zusammengestellt:

das „mobile Kontingent"
und das „spezielle Kontingent".

Bei dem *mobilen Kontingent* handelte es sich um Zivilisten (darunter sehr viele Frauen und Jugendliche), die zum Arbeitseinsatz in die Sowjetunion deportiert wurden. Die Überlebenden dieser Gruppe kehrten nach einigen Jahren in die DDR und in die Bundesrepublik Deutschland zurück bzw. fanden hier eine neue Heimat (die meisten Verschleppten des *mobilen Kontingents* stammten aus den damaligen deutschen Ostprovinzen, die zwischenzeitlich polnischer Verwaltung unterstellt worden waren).

Das *spezielle Kontingent* setzte sich aus Personen aller Altersklassen zusammen und umfaßte im weitesten Sinne Deutsche, die der Besatzungsmacht hätten gefährlich werden können, wozu jeder „Nazi" und jeder „Klassenfeind" (Großgrundbesitzer,

Großbauer, Fabrikbesitzer, Beamte) sowie Polizisten, Volkssturmmänner und Jugendliche gerechnet wurden, die möglicherweise hätten Widerstand leisten können („Werwolf-Verdacht"). Auch wurden viele aus westlicher Kriegsgefangenschaft zurückkehrende Soldaten als „Spione" inhaftiert. Etwas später kamen Personen hinzu, die sich dem immer stärker zum Ausdruck kommenden Willen der Besatzungsmacht zur Sowjetisierung ihres Machtbereichs widersetzten, darunter vor allem Sozialdemokraten, Christdemokraten, Liberale und einige Kommunisten. Unter diesen Umständen spielten Denunziationen und „Verhaftungslisten", die von örtlichen Antifaschisten zusammengestellt wurden, eine große Rolle.

Kardinal Frings protestierte

In einem Protest-Schreiben des Erzbischofs von Köln vom 11. Januar 1947 an den Alliierten Kontrollrat hieß es u. a.:

„... Es handelt sich bei den Verhafteten um Menschen jeglichen Alters und Geschlechts. Selbst Jugendliche im Alter von 14 bis 15 Jahren aufwärts sind in größerer Zahl inhaftiert worden und werden schon länger als ein Jahr dem Elternhaus und der Schule ferngehalten. Es befinden sich unter den Internierten Personen, die politisch niemals in irgendeiner Weise in einem, den alliierten Interessen feindlichen Sinne hervorgetreten sind; vielfach sind es ausgesprochene Gegner des Nationalsozialismus gewesen, die wegen ihrer antifaschistischen Haltung von der Gestapo verfolgt wurden.

Bei den Konzentrationslagern, in denen die Verhafteten untergebracht sind, handelt es sich um die gleichen Lager, die schon während der Hitlerzeit bestanden: Sachsenhausen, Buchenwald, Mühlberg usw. Neue Konzentrationslager sind hinzugekommen: Fünfeichen, Frankfurt a.d.O., Lieberose, Bautzen usw. Die Behandlung in den Lagern, die Vorgänge bei den Verhören der Verhafteten erinnern in vieler Hinsicht gleichfalls stark an die früheren Gestapo-Methoden. Die Häftlinge sind völlig von der Außenwelt abgeschnitten. Im Gegensatz zur Hitlerzeit dürfen sie weder Briefe schreiben noch solche empfangen. Besuche der Angehörigen sind verboten. Die Angehörigen erfahren nicht einmal, wo die Verhafteten sich befinden. Selbst in Sterbefällen erhalten sie keine Mitteilung. Trotz wiederholter Bemühungen ist es nicht gestattet worden, daß Geistliche das Lager betreten, um Gottesdienste abzuhalten und die Häftlinge religiös zu betreuen ..."

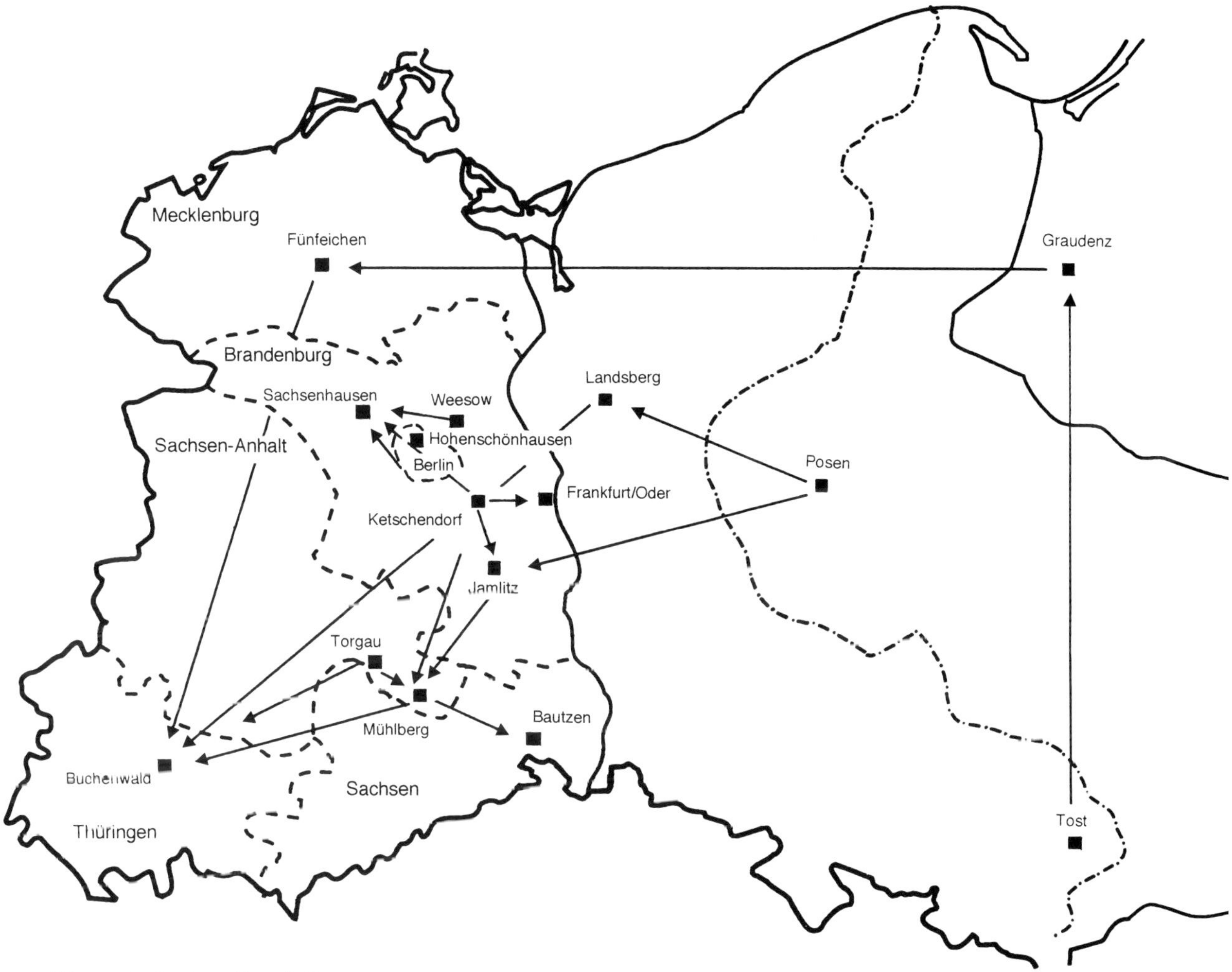

Die sowjetischen Speziallager

Die Karte zeigt die sowjetischen Speziallager, die 1945 unmittelbar nach dem Einrücken der Sowjetarmee in Deutschland eingerichtet wurden. Mit der Verkleinerung der sowjetischen Besatzungszone in Deutschland durch die Übergabe der deutschen Ostprovinzen bis zur Oder-Neiße an Polen, wurden die dort liegenden Lager auf das Gebiet der späteren DDR verlegt. Ein Teil der arbeitsfähigen Häftlinge wurde in die Sowjetunion deportiert.

Das spezielle Kontingent

Die von den operativen Organen Verhafteten durchliefen in aller Regel eine von Mißhandlungen und Torturen begleitete „Untersuchungshaft". Die sowjetische Geheimpolizei richtete an unterschiedlichen Orten der Sowjetischen Besatzungszone Dienststellen ein, die sie mit Haftunterkünften verband. So gab es neben Gerichtsgebäuden mit Gefängnissen abseits gelegene Villen oder Villenkomplexe, in denen die Häftlinge in Garagen, Kohlen- und Kartoffelkellern ohne ein Mindestmaß an Hygiene und bei geringster Verpflegung vegetieren mußten.

Ziel der Untersuchungen war, vom Inhaftierten Schuldbekenntnisse und die Angabe von „Mittätern" zu erhalten. Hierfür wurden alle Torturen körperlicher Mißhandlung eingesetzt, um ein in russischer Sprache abgefaßtes, in aller Regel ganz oder teilweise unzutreffendes Protokoll zu erhalten, das dem Häftling oft nicht einmal übersetzt wurde.

Von diesem „Protokoll" und der Einschätzung des „Falles" hing es ab, ob der Häftling ohne Urteil auf unbestimmte Zeit in ein sogenanntes *Speziallager* eingewiesen oder vor ein *Sowjetisches Militärtribunal (SMT)* gestellt wurde. Diese Militärgerichte bestanden bei allen größeren sowjetischen Truppenteilen. Ohne Kenntnis der Verhältnisse in Deutschland und ohne nähere Prüfung der Beschuldigungen verurteilten sie nach dem Strafgesetzbuch

Sachsenhausen

war von 1945 bis 1950 das größte Speziallager in Deutschland. In dem ehemaligen Konzentrationslager waren sowohl von sowjetischen Militärtribunalen Verurteilte als auch Nicht-Verurteilte untergebracht. In den ersten Jahren war Sachsenhausen auch Sammellager für Wehrmachtsoffiziere, die in die Kriegsgefangenenlager der Sowjetunion transportiert wurden. Auch Angehörige aller Völkerschaften der Sowjetunion, ehemalige Kriegsgefangene und Zwangsarbeiter wurden hier zeitweilig zusammengezogen, um ebenfalls in die Sowjetunion gebracht zu werden.

Es wird geschätzt, daß durch das „Speziallager Nr. 7" (später Nr. 1) etwa 60 000 Häftlinge liefen, von denen etwa 13 000 verstarben. Sie wurden – wie in allen Speziallagern üblich – ohne Bekleidung in Massengräbern auf dem sogenannten Kommandantenhof und in einem Waldstück bei Schmachtenhagen verscharrt.

Verbotene
Zone
Eintritt verboten.
Es wird geschossen!

der Russischen Föderation (RSFSR) auf Antrag des Staatsanwaltes (Verteidiger waren im Sowjetrecht nicht vorgesehen) zu entsprechenden Strafen, meist wegen „Spionage". Die Haftstrafen lagen in wenigen Fällen bei 10 Jahren, in den weitaus meisten Urteilen bei 25 Jahren Arbeitslager oder ein Mehrfaches davon. Auch Todesstrafen wurden ausgesprochen und vor Ort oder in der Sowjetunion vollstreckt.
Die Verurteilten wurden entweder direkt in die Sowjetunion deportiert oder ebenfalls in ein Speziallager gebracht, wo sie – getrennt von den nicht verurteilten Häftlingen – ihre Strafen verbüßen mußten.
Der Personenkreis, der von diesen Verhaftungsaktionen in der gesamten Sowjetischen Besatzungszone und in Ostberlin erfaßt wurde, läßt sich wegen der Wahllosigkeit und Willkür nicht eng umschreiben. Generell kann man sagen, daß alle „auffällig" gewordenen Deutschen verhaftet und mit oder ohne Urteil für Jahre eingesperrt wurden. Daß unter den Verhafteten ein großer Teil „Nazis" waren – die Nazi-Partei hatte in Deutschland immerhin sechs Mio. Mitglieder – ist nicht verwunderlich. Nicht zutreffend ist die später von kommunistischer Seite verbreitete Version, man habe in den Speziallagern nur Kriegs- und Nazi-Verbrecher eingesperrt. Dagegen spricht, daß neben einer nominellen Migliedschaft in der Nazi-Partei oder deren Unter- und Zweigorganisationen (weitere vier Mio. Mitglieder) bei den weitaus meisten Inhaf-

„Bilder gegen das Vergessen"

hat der in Mecklenburg lebende Maler Wilhelm Sprick seine auf diesen Seiten wiedergegebenen Zeichnungen genannt. Der 17jährige Sprick wurde im September 1945 in seinem mecklenburgischen Heimatdorf verhaftet und sieben Monate in mehreren Kellern und Haftverliesen unmenschlichen Verhören ausgesetzt. Im August 1946 wurde er in Schwerin mit fünf anderen jungen Menschen (darunter sein jüngerer Bruder und der Bruder seiner späteren Frau) von einem Sowjetischen Militärtribunal zu hohen Haftstrafen verurteilt. Er selbst bekam wegen „Beleidigung und Verleumdung des großen Stalin" 8 Jahre Arbeitslager zudiktiert und durchlief die Lager und Haftanstalten Torgau, Sachsenhausen, Luckau und Bautzen. Dort wurde er im Oktober 1950 schwerkrank aus der DDR-Haft entlassen. Drei seiner Mitverurteilten kamen in Torgau und Bautzen um.

Sprick zeichnete schon in der Haft unter primitiven Umständen. Seine Versuche, nach dem Kunststudium einen Beruf auszuüben, scheitern dreimal durch Ablehnung seiner Aufnahme in den Verband Bildender Künstler. Er hat nach der Wiedervereinigung einen Gedenkzyklus für die namenlosen Toten und Gedemütigten zusammengestellt. Ein Blatt darunter widmete er seinem ehemaligen Schweriner Mithäftling G. Süß, der - Kommunist, Widerstandskämpfer gegen die Nazis und KZ-Häftling – namenlos in einem Massengrab des Speziallagers Sachsenhausen verscharrt wurde.

tierten keine Verbrechen nachweisbar waren. Zudem wurden die von der sowjetischen Besatzungsmacht festgenommenen Angehörigen paramilitärischer Organisationen, vor allem der SS (einschließlich der KZ-Bewacher) und der SA sowie Soldaten der Waffen-SS in Kriegsgefangenenlager eingewiesen, die sich in der Sowjetunion befanden. Sogar die meisten SMT-Verurteilungen erfolgten nicht wegen solcher Verbrechen, sondern wegen „Spionage". Weiterhin gab es in den Speziallagern mehrere tausend Jugendliche (ab 12 Jahren!), die allein vom Alter her nicht Nazi- oder Kriegsverbrecher sein konnten. Vor allem aber wurden immer mehr Deutsche verhaftet, verurteilt und in die Speziallager gesteckt, die sich gegen Maßnahmen der unter dem Namen „Sozialistische Einheitspartei Deutschlands" (SED) firmierenden Kommunisten und gegen administrative Befehle der sowjetischen Besatzungsmacht gewandt hatten, die die Sowjetisierung dieser Besatzungszone und damit letztlich die Spaltung Deutschlands zum Ziele hatten. Nur so ist auch erklärbar, daß sich sehr bald viele Demokraten (d. h. Antinationalsozialisten und Antikommunisten) und sogar einige Kommunisten in den Speziallagern wiederfanden, die gegen den jeweiligen Kurs ihrer Partei verstoßen hatten.

Deportationen

Das Bild zeigt einen heimlich fotografierten Zug, der Häftlinge in die Sowjetunion bringt. Aus den Lagern in Deutschland wurden vom „speziellen Kontingent" ca. 13 000 von Militärgerichten Verurteilte und ca. 6 700 nicht verurteilte Häftlinge (Arrestanten) in die Sowjetunion zum Arbeitseinsatz gebracht. Das „mobile Kontingent", also oft noch vor Kriegsende wahllos aufgegriffene Menschen aus den deutschen Ostprovinzen (sehr viele Frauen und Mädchen, relativ wenige Männer), das zum Arbeitseinsatz in die Sowjetunion gebracht wurde, wird auf etwa 500 000 Köpfe geschätzt.

Die oft Wochen dauernden Transporte in die Lager der GULag („Hauptverwaltung der Zwangs- und Straflager in der Sowjetunion") kosteten besonders viele Menschenleben. Die bei großer Hitze oder eisiger Kälte unter primitivsten hygienischen Umständen in den Waggons zusammengepferchten Häftlinge wurden nur unzureichend verpflegt. Bei der Verpflegungsausgabe wurden meist zuvor die Toten der jeweiligen Etappe aus den Waggons auf den Bahndamm geworfen. Aus dieser Zeit kommt die große Zahl der bis heute nicht geklärten Schicksale Tausender von Häftlingen.

Die Speziallager

Für die Aufnahme der verurteilten und nicht verurteilten Häftlinge richtete die sowjetische Besatzungsmacht in Deutschland eine ganze Reihe von Speziallagern ein. So gab es östlich der späteren Oder-Neiße-Grenze in Posen, Tost, Graudenz, Oppeln, Landsberg und anderen Orten Lager dieser Art (zeitweise vermischt mit Kriegsgefangenen und Menschen des „mobilen Kontingents“), die aber mit der Übernahme der deutschen Ostprovinzen durch Polen in den westlichen Bereich der Sowjetischen Besatzungszone, also der späteren DDR, verlegt wurden. In diesem Gebiet gab es elf Lager, die teils primitiv und provisorisch in einigen Bauernhöfen, einer Werkarbeitersiedlung, auf einem Molkereigelände, teils in früheren Kriegsgefangenenlagern, Zuchthäusern und Konzentrationslagern eingerichtet wurden.

Die Lebensbedingungen in diesen Lagern waren sehr hart. Insbesondere in den provisorischen Lagern waren die hygienischen Verhältnisse äußerst primitiv. Völlig unzureichende Verpflegung und medizinische Betreuung forderten eine hohe Zahl von Opfern, die von den Häftlingen in Massengräbern verscharrt werden mußten. Die Gräber wurden später durch Baum- und Strauchbepflanzungen unkenntlich gemacht. Eine besonders große Belastung war die völlige Isolierung der Häftlinge von der Außenwelt. Es gab keine Postverbindung mit den Angehörigen (die auch nie eine offizielle Information über die Verhaftung als solche und den Grund der Verhaftung oder gar später eine Todesnachricht erhielten). Jahrelang bekamen die Häftlinge der Speziallager auch keine Informationen von der Außenwelt (Zeitungen, Radio). Gleichzeitig wurde jegliche geistige Betätigung nach Möglichkeit unterbunden (Verbot von Vorträgen, Singen, Karten- oder anderen Spielen, Büchern, Unterricht). Da auch bis auf wenige Lagerdienste kein Häftling arbeiten durfte, waren die Gefangenen auf engstem Raum zusammengepfercht dem psychischen und physischen Verfall preisgegeben.

Aus den Speziallagern wurden verurteilte und nichtverurteilte Häftlinge, die körperlich einigermaßen beisammen waren, zum Arbeitseinsatz in die Sowjetunion deportiert. Die Verurteilten kamen in sogenannte Besserungsarbeitslager (ITL), von wo sie 1953 erstmals ihren Angehörigen ein Lebenszeichen geben konnten, die Nichtverurteilten kamen in „normale" Lager, aus denen sie als Kriegsgefangene schreiben durften und aus denen sie als Kriegsgefangene bis 1955 (Adenauer-Verhandlungen in Moskau) nach Deutschland zurückkehrten. Die Verurteilten wurden ebenfalls bis 1955, allerdings als „Kriegsverbrecher" entlassen.

Im Gegensatz zu diesen „Kriegsverbrechern" blieben die in Deutschland festgehaltenen und in denselben Militärgerichts-

(weiter Seite 28)

Urteilsauszug

Der Volkspolizei wurden 1950 von der Sowjetunion rd. 14 000 Häftlinge aus den Speziallagern Sachsenhausen, Buchenwald und Bautzen zur weiteren Strafverbüßung bzw. zur Verurteilung übergeben. Dazu erhielten die neuen Kerkermeister keine Akten, sondern nur einen „Urteilsauszug" (wie nebenstehend abgebildet) oder einen entsprechenden Inhaftierungsvermerk. Die Volkspolizei (und natürlich der Staatssicherheitsdienst) mußten erst durch Befragungen der Häftlinge die Personalien und die Beschuldigungen zusammenstellen. Trotzdem blieben diese Häftlinge noch jahrelang in DDR-Haft.

Urteilsauszug

Vom Militärtribunal SMA Land Thüringen

Akten Nr. 84918 nach der Anklage wegen Spionagetätigkeit

1. Familien-, Vor- und Vatersname (ausführlich schreiben) Weber, Karl
2. Geburtsjahr und Geburtsort 1886 in Gimritz Kr. Saale
3. Heimatanschrift Halle, Bernburgerstr. 7
4. Nationalität deutsch 5. Staatsangehörigkeit deutsch
6. Schulbildung Mittelsch. 7. Parteizugehörigkeit NSDAP v. 1938 u. CDU v. 1946
8. Beruf ohne 9. Familienstand verh.
10. Beschäftigung vor der Haft ohne feste Arbeit

Verurteilt:

Familien-, Vor- und Vatersname Weber, Karl

laut den Artikeln 58-6 Teil 1 d. UK d. RSFSR.

Genau angeben wofür war Mitglied einer illegalen Spionage-organisation für die Amerikaner.

Strafmass 25 Jahre Arbeitslager

Mit oder ohne Eigentumsbeschlagnahme mit Beschlagnahme

Strafverbüssung rechnet ab 24 Juni 1948

Original mit den gehörigen Unterschriften der Tribunalzusammensetzung

Auszug beglaubigt: (Unterschrift)

(Feldpoststempel) Übers. Woden 30.1.50

„28." Januar 1950

Im Widerstand gegen Braun und Rot

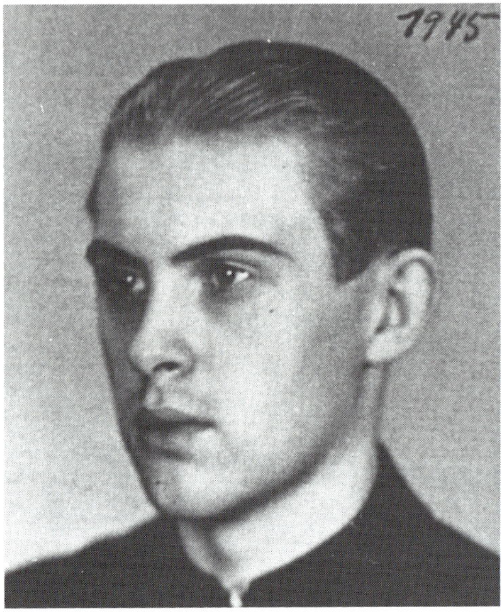

Hermann Kreutzer

1924	in Saalfeld/Thüringen geboren;
1942	Soldat der Wehrmacht; u.a. wegen Unterstützung der Résistance zu 10 Jahren Festungshaft verurteilt;
1945	Flucht während der „Frontbewährung";
1945	Mitbegründer der SPD in Thüringen; widersetzt sich der Vereinigung von KPD und SPD;
1949	Verhaftung durch die sowjetische Geheimpolizei NKWD, Verurteilung zu einer Freiheitsstrafe von 25 Jahren;
1956	Entlassung aus dem Zuchthaus Brandenburg, Flucht nach West-Berlin;
1956	Anstellung beim Berliner Senat;
1967	Leiter der politischen Abteilung im Bundesministerium für gesamtdeutsche Fragen;
1970	Leiter der Berliner Abteilung des Bundesministeriums für innerdeutsche Beziehungen;
1981	heftige Kritik an der Deutschlandpolitik der Bundesregierung, Austritt aus der SPD;

Hermann Kreutzer lebt heute als Pensionär in Berlin-Spandau.

Aufgewachsen in einer sozialdemokratischen Familie, leistet Hermann Kreutzer schon in frühester Jugend als Kurier und Flugblattverteiler Widerstand gegen die nationalsozialistische Diktatur. Als Soldat unterstützt er die französische Résistance und fällt durch „politische Wehrkraftzersetzung“ auf. Deswegen zu zehn Jahren Festungshaft verurteilt, nutzt er die „Frontbewährung“ zur Flucht.

Nach dem Kriege ist Kreutzer als 21jähriger Mitbegründer der SPD in Thüringen und Mitglied des Landesvorstands. Er gehört zu jenen Sozialdemokraten, die sich der Vereinigung ihrer Partei mit der KPD und der Errichtung einer kommunistischen Diktatur in der Sowjetischen Besatzungszone widersetzen. Im April 1949 werden sein Vater, seine damalige Verlobte (und heutige Ehefrau) und er von der sowjetischen Geheimpolizei NKWD verhaftet und von einem sowjetischen Militärgericht zu 25jährigen Freiheitsstrafen verurteilt.

Sie sind damit drei von rund 5000 SPD-Mitgliedern, die durch diese erste Verhaftungswelle in der SBZ hinter Gitter gebracht werden. Viele von ihnen waren schon bei den Nazis eingesperrt.

Nach Haftaufenthalten in Bautzen, Berlin-Hohenschönhausen und Brandenburg wird Hermann Kreutzer zusammen mit seinem Vater im Jahre 1956 entlassen. Sie flüchten sofort nach West-Berlin. Erst nach spektakulären Protesten wird wenig später auch Kreutzers Verlobte freigelassen.

In West-Berlin findet Kreutzer eine Anstellung in der Verwaltung, wird Sprecher der SPD für politische Häftlinge. 1967 wird Kreutzer Leiter der politischen Abteilung des Bundesminsteriums für gesamtdeutsche Fragen und ist in dieser Funktion zeitweise auch mit dem Freikauf politischer Häftlinge aus der DDR befaßt.

1981 kritisiert Kreutzer als Ministerialdirektor heftig die schleichende Anerkennung der deutschen Teilung und den Annäherungskurs seiner Partei an die SED-Kommunisten. Das provoziert seinen und den Austritt vieler Sozialdemokraten aus der SPD. Seitdem mischt sich Hermann Kreutzer tatkräftig und wortgewaltig in die Politik ein.

Seine Erfahrungen mit der braunen und der roten Diktatur veranlassen ihn dazu, vehement vor der Verdrängung begangenen Unrechts zu warnen. Nicht Rachsucht treibt den freundlichen Thüringer dazu, sondern die tiefempfundene Sorge um Freiheit und Demokratie.

O X 7/60/54

Name (bei Frauen auch Geburtsname): Kreutzer	Ort der Festnahme: Saalfeld	Aktenzeichen: 5530 B
Vorname: Hermann Fritz	Letzte Wohnung: Saalfeld, Lange-Gasse 46	Tag der Festnahme: 4.4.49
Geburtstag und -ort: 3.5.1924 Saalfeld	Jetzige Anschrift der Familienangehörigen: 353 Paul Kreutzer	wo: Bautzen
Beruf früher: ./. jetzt:	Größe:	Karteikarte ausgestellt am: 11.4.50
Zuletzt beschäftigt bei: als: Verw. Angestellter	Gestalt:	wo:
Familienstand: ledig	Gesicht:	Fingerabdruck genommen am:
Kinder: ./.	Bart:	wo: Bautzen
Staatsangehörigkeit:	Augenfarbe:	Übernahme durch die Dtsch. V.-Pol. am: 16.2.50
Deck- Name / Adresse	Haarfarbe:	vom:
	Besondere Kennzeichen:	Parteizugehörigkeit n. d. 8.5.45 bis: nein

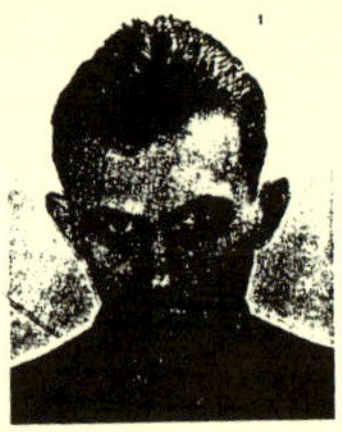

Eintritt: NSDAP Austritt:	SS	SA	SD	Gestapo	NSKK NSFK	HJ	BDM

Sonstige Organisationen u. Verbände:	Vorstrafen:	Öffentliche Ämter:	Milit. Verbände u. Ausbildung:
nein	nein	nein	Pz. Gren.

Innegehabte Funktionen (z. B. Kreisleiter, SA-Sturmführer usw.): nein

D 09 HS 1 1. 50 30,0 Nachdruck und Änderung nur gemäß DA 115/49 der LBdVP. Werdau!

Straftat: illegale Organisation	Verurteilendes Gericht: SMT Weimar Verurteilt am: 4. 4. 1949 Aktenzeichen: 124 435	Strafdauer lt. Urteil: 10 ~~25~~ J. Arb. Lager Entlassung: Gnadenerweis
Beginn der Strafhaft: 4.4.49	Beendigung der Strafe:	am 31.5. 1956 Uhr nach Berlin-Mariendorf, Mariendorfer ...

Datum der Eintragung	Grundsätzliche Bemerkungen für die Beurteilung der Gefangenen z. B. Flucht und -versuche, Ausbruch und -versuche, Gewalttätigkeiten, aber auch außergewöhnliche Leistungen	Verlegungen in andere Anstalten (Auszufüllen nach Eintreffen in der neuen Anstalt) Von	Nach
16.3.54	Ausführung (Arb.) 579 - Sfr - Bittner 20/3.54	Bautzen	Arb. ... Berlin
27.4.54	Einzl. Anw. Nr. 555 (545) n. Brandenburg HO 27/9.54		Brandenburg
	Strafr. 3493 auf 10 Jhr. gemindert ... 21.6.55		

Links ist die Gefangenen-Karteikarte Hermann Kreutzers wiedergegeben. Sie ist eine von rund 700 000 Karteikarten über alle Personen, die von 1950 bis 1989 in der DDR inhaftiert waren. Die Kartei wurde vom DDR-Innenministerium (dem die Volkspolizei und damit der Strafvollzug unterstanden) geführt und nach der Wende in die Haftanstalt Berlin-Hohenschönhausen gebracht. Dort wurde sie unmittelbar nach der Wiedervereinigung durch den Berliner Justiz-Senator sichergestellt. Sie wird jetzt als wichtiges Beweismittel für Haftvorgänge vom Bundesarchiv in Potsdam verwaltet.

Die beiden anderen Dokumente der Ausstellung sind auch insofern interessant, als sie die Mithilfe der Vorgänger des späteren SED-Staatssicherheitsdienstes, den Kommissariaten 5 (K5), bei der politischen Verfolgung von Sozialdemokraten noch vor der Gründung der DRR belegen. Das K5 übergab Kreutzer, seine Verlobte und seinen Vater den sowjetischen Behörden, die alle zu dratischen Strafen verurteilte.

80555/49

notiert 20.IV.49

F rn chr bv rmittlung D.V.d.I.
A f n mm n: 7..737
am: um: durch:

Ref. K 5

.+ lp woi nr 3063 13.4.49 1800 / malitzky =

5472 A/54

an die dvid abt. kref. k 5 berlin .=

betr.: festnahme von 5 personen.-
bezug: schreiben der kkpa saalfeld vom 6.4.49 .-

von der kkpa saalfeld wurde uns mit schreiben vom 6.4.49 gemeldet dasz am 4.4.49 durch die andere dienststelle udund das kommissaria k 5 in saalfeld, 5 personenfestgenommen wurden, die im versuch xx im verdacht standen mit schumacher kreisen in verbindung zu steh es handelt sich hierbei um

1.) [redacted]

2.) [redacted] xx [redacted]

3.) hermann krautzer angestellter des kreisamtes saalfeld amtsleite des kommunalwesens.

4.) dora fischer angestellte im kreisamt saalfeld(gesundheitswesen fischer ist die braut des kreutzer.

bei den festgenommenen personen wurde ein gruendliche hausdurchsuchung durchgefuehrt din derem verlauf bei [redacted] zwei orgina xx zwei organisationshefte von schumacher (ausgabe 1946) sowie 4 prospekte der spd von [redacted] gefinden wurden.
die uebrigen durchsuchungen verliefen ohne erfolg.
die festgenommenen personen wurden von der anderen dienststelle uebernommen. gleichfalls wurde von adder anderen dienststelle ueberr gleichfalls wurde das gefundene material der anderen dienststelle in gera uebergeben.
die genauen personalien der gestgenommenen wurden von der kkpa saalfeld angefordert und werden nachgereicht .=

lkpa weimar (feilen) dez. ltr. tgbnr 5/597/49 hg./ schm.

Abteilung K 5

Berlin, den 5. Mai 1949
Hau/Fi

Tgb.-Nr.: K 5/80555/49

Herrn
Vizepräsidenten M i e l k e
im H a u s e

mit der Bitte um Kenntnisnahme.

Betr.: I/5472 A/54 – Festnahme einer illegalen SPD-Gruppe in Saalfeld/Thür.

Nach einem FS der LKPA Thüringen wurden Anfang April 1949 durch die örtliche höhere Dienststelle in Verbindung mit dem Kommissari K 5 nachstehend genannte Personen wegen Tätigkeit für die illegal SPD festgenommen:

1.) [redacted], [redacted], geb. [redacted] in [redacted].
wohnh. [redacted]

2.) [redacted], [redacted], geb. [redacted] in [redacted]
wohnh. [redacted].

3.) K r e u t z e r, Hermann, geb. 3.5.24 in Saalfeld,
wohnh. Saalfeld, Lange Gasse 46
Amtsleiter für Kommunalwesen beim Kreisrat.

4.) [redacted], [redacted], geb. [redacted] in [redacted]
wohnh. [redacted]

5.) F i s c h e r, Dora, geb. 8.12.23 in Berlin,
wohnh. Saalfeld, Saalestr. 3
Angestellte des Kreisrates, Abt. Gesundheitswesen.

Die Haussuchung bei den Beschuldigten führte bei der unter 2.) genannten Person zur Auffindung von zwei Organisationsheften der SP (Ausgabe 1946) sowie von 4 Broschüren der SPD, die von [redacted] Berlin verfaßt worden waren. Bei den anderen Personen verlief die Haussuchung erfolglos.

Hat Herrn Vp. Mielke vorgelegen

Ministerialdirektor Hermann Kreutzer, Berlins zweithöchster Bundesbeamter, wurde mit sofortiger Wirkung beurlaubt

Wurde mit sofortiger Wirkung von seinem Dienst beurlaubt: Ministerialdirektor Hermann Kreutzer.

Der Mann, der sich nicht den Mund verbieten lassen will

Leitete Disziplinarmaßnahmen ein: Bundesminister Egon Franke.

Berlin, 1. August

Der Bundesminister für innerdeutsche Beziehungen, Egon Franke (67), hat den Leiter der Berlin-Abteilung seines Ministeriums, Ministerialdirektor Hermann Kreutzer (57), mit sofortiger Wirkung beurlaubt.

In Briefen an Bundestagspräsident Richard Stücklen und die Fraktionsvorsitzenden im Deutschen Bundestag hatte Kreutzer den Vorwurf erhoben, Franke habe ihm untersagt, sich öffentlich über seine Erfahrungen während seiner Haftzeit in „DDR"-Gefängnissen zu äußern.

Nach Meinung von Franke enthalten die Briefe unrichtige Behauptungen.

Hermann Kreutzer — nach Dietrich Spangenberg, dem Bevollmächtigten der Bundesregierung in Berlin, zweithöchster Bundesbeamter in der Stadt — hatte in seinem Schreiben dazu aufgefordert, ihm das in der Verfassung garantierte Recht der freien Meinungsäußerung zu sichern.

SPD-Mitglied Kreutzer: Franke hat mir die Darstellung meiner Erfahrungen in der „DDR"-Haft in der Öffentlichkeit untersagt, weil dadurch die Gestaltung der innerdeutschen Beziehungen beeinflußt werden könnte. Das fasse ich als eine Beeinträchtigung der freien Meinungsäußerung und als eine Unterdrükkung der Wahrheit auf.

Kreutzer hatte dem damaligen „DDR"-Vertreter in Bonn, Dr. Michael Kohl, 50, vorgeworfen, er sei als Spitzel für die Verhaftung vieler Sozialdemokraten in der „DDR" verantwortlich. In einem anderen Brief an das Präsidium der SPD hatte Kreutzer seine Parteifreunde über diesen Vorwurf unterrichtet.

Bundesminister Franke: Ich respektiere die Meinungsfreiheit meiner Beamten, erwarte aber auch, daß sie sich ihrerseits der nach dem Beamtenrecht gebotenen Zurückhaltung befleißigen. „Einem politischen Beamten der Bundesregierung muß es jedoch verwehrt sein, unbewiesene Vorwürfe gegen die Vertreter eines anderen Staates zu erheben, ohne seinen Minister davon auch nur zu unterrichten."

Dr. Friedrich Zimmermann, Vorsitzender der CSU-Landesgruppe im Bundestag: „Dem aufrechten Sozialdemokraten Hermann Kreutzer wird ein Maulkorb verpaßt."

Die Vorgänge um Kreutzer offenbaren eine „schändliche Beflissenheit gegenüber Wünschen der Machthaber in der DDR und im Ostsektor Berlins".

Der CDU-Bundestagsabgeordnete Wilfried Böhm: Jetzt ist Egon Franke „in seinem Amt nicht einen Tag länger tragbar".

Das Bundesinnenministerium erklärte, daß die Begründung Frankes nicht für stichhaltig gehalten werden könne.

Ein Student, den Sie denunzierten, kam ums Leben

Wortlaut des Schreibens von Hermann Kreutzer an „DDR"-Vertreter Michael Kohl

Herr Kohl!

Aus der Presse entnehme ich, daß Sie in der Wahlnacht das Erich-Ollenhauer-Haus der SPD aufgesucht haben. Ich weiß nicht, ob Sie dabei, als Sie in das Vorstandsgebäude der Sozialdemokratischen Partei gingen, an die sozialdemokratischen Studenten aus Jena gedacht haben, die Sie 1949/50 dem NKWD der sowjetischen Besatzungsmacht denunziert haben und die daraufhin von einem sowjetischen Militärtribunal zu je 25 Jahren Zwangsarbeit verurteilt wurden. Vermutlich haben Sie diesen Umstand aus Ihrem Gedächtnis gestrichen, sicherlich auch die Erinnerung an den sozialdemokratischen Studenten Wenzel aus Sondershausen, der 1945/46 maßgebend mitgewirkt hatte, daß Ihr Aufnahmegesuch in die SPD von dem Ortsverein der SPD Sondershausen abschlägig beschieden wurde, weil Sie aus einer Nazi-Familie stammten und in der Kleinstadt Sondershausen der Verdacht bestand, daß Ihr Vater für die GPU arbeiten würde.

Dieses haben Sie zumindest bis 1949/50 nicht vergessen, als Sie Wenzel, zu dieser Zeit Student an der Jenaer Universität, ebenfalls dem NKWD denunzierten, und auch dieser zu 25 Jahren Zwangsarbeit verurteilt wurde. Anfang 1951 ist Wenzel daraufhin im sowjetischen Konzentrationslager Bautzen umgekommen.

Es ist schlimm genug, daß die deutschlandpolitischen Verhältnisse nach 1945 solche Begebenheiten ermöglichten, schlimmer jedoch, daß es Menschen wie Sie gegeben hat, die auf Kosten der Freiheit, der Gesundheit und des Lebens anderer Karriere gemacht haben.

Ich habe diesen Vorgang aus Ihrem Leben, über den meine Freunde und ich genauestens informiert sind, bisher immer vor der Öffentlichkeit zurückgehalten, weil ich den Ablauf der Deutschlandpolitik der Bundesregierung durch eine solche Veröffentlichung nicht stören wollte. Dies habe ich seinerzeit auch Egon Bahr berichtet, dessen Vertreter ich in seiner Eigenschaft als Bevollmächtigter der Bundesregierung in Berlin Anfang der siebziger Jahre gewesen bin.

Nachdem ich allerdings nunmehr aus der Presse entnehmen mußte, mit welcher Unbekümmertheit und zur Schau gestellten Jovialität Sie in der Wahlnacht im Erich-Ollenhauer-Haus aufgetreten sind, halte ich es für geboten, Sie darauf hinzuweisen, daß diese Unverfrorenheit das durch Ihre amtliche Tätigkeit gezogene Maß überschritten hat.

An Ihre Einsicht zu appellieren, wäre bei Ihrem eiskalten Charakter sicherlich vergeblich. Aber vielleicht begreifen Sie, welches Licht auf die Regierung der DDR fällt, wenn diese Dinge der Öffentlichkeit bekannt würden. Es wäre sehr bezeichnend für die Regierung der DDR, daß sie sich einen karrieresüchtigen Denunzianten als ihren Vertreter in der Bundesrepublik Deutschland leistet. Aus diesem nüchternen Kalkül heraus sollten Sie sich selbst empfehlen, Ihre Tätigkeit baldmöglichst in Bonn zu beenden.

Abschrift dieses Briefes werde ich dem Präsidium meiner Partei, der SPD, zur Kenntnis überreichen.

Hermann Kreutzer

Dr. Michael Kohl: Er bekam den Brief.

Berliner
itung, BZ
1.8.1980

prozessen verurteilten Häftlinge weiterhin in DDR-Haft: als die sowjetische Besatzungsmacht 1950 ihre Speziallager auf deutschem Boden auflöste, hatte sie 10 513 verurteilte Häftlinge zur weiteren Strafverbüßung an die DDR übergeben. Weitere 3432 Häftlinge sollten von der DDR verurteilt werden (in den späteren „Waldheimer Kriegsverbrecher-Prozessen").

In diese Zeit fällt der erste in der Ausstellung dokumentierte Fall der politischen Verfolgung von **Hermann Kreutzer.** Er gehörte zu jenen Menschen der jungen Generation, die den Weltkrieg überlebt hatten und nach den Erfahrungen mit den Nazis gegen eine neue Diktatur in Deutschland standen. Obwohl er sich gegen die Verschmelzung der Kommunisten und der Sozialdemokraten, die *deutsche* Parteien waren und sein wollten, zu einer Einheitspartei wandte, wurde er von einem Militärgericht der Besatzungsmacht verurteilt. Während Kreutzer in das zum Speziallager erweiterte Zuchthaus Bautzen eingeliefert wurde, landete **Eva Fischer,** der zweite hier dokumentierte Haftfall, im früheren Konzentrationslager und nun von der Besatzungsmacht als Speziallager weitergeführten Lager Sachsenhausen vor den Toren Berlins. Der 17jährigen wurde „antisowjetische Propaganda" vorgeworfen, die – wie im Fall Kreutzers und vieler tausend anderer auch – mit 25 Jahren Arbeitslager abgestraft wurde.

Zahlenspiegel

Zahlenangaben über die politischen Häftlinge in der SBZ/DDR von 1945 bis 1989 lassen sich nicht genau machen. Dies liegt zum einen an dem Bestreben jeder Diktatur, das Ausmaß der politischen Verfolgung zu verschleiern. So hat z. B. die Sowjetunion, als die Massengräberfunde aus der Zeit der ersten Jahre der sowjetischen Besatzung in Deutschland nach der Wende in der DDR immer mehr die Öffentlichkeit beschäftigte, 1990 dem damaligen Innenminister der DDR eine „Dokumentation" übergeben, die unvollständige oder vielleicht sogar verfälschte Zahlen über ihre deutschen Opfer enthielt. Zum anderen hat die DDR immer wieder versucht, ihre politischen Opfer zu kriminalisieren. Offiziell hat es in der DDR keine politischen Häftlinge gegeben, nur kriminelle. Aus den Untersuchungsakten, Anklageschriften und Urteilen läßt sich in Tausenden von Fällen kein genaues Bild des eigentlichen Vorfalls erkennen. Um Betriebe oder private Kunstsammlungen zu enteignen, wurden z. B. Steuerhinterziehungsfälle konstruiert; um der Bevölkerung Mängel in der Planwirtschaft „zu erklären", wurden Sabotage- und sogenannte Diversionsfälle erfunden; unliebsame Personen, die auf den rechten Parteiweg zurückgeführt werden sollten, liefen in Fallen des Staatssicherheitsdienstes, um gefügig gemacht oder gar zu Spitzeldiensten verpflichtet zu werden. Auch die vielen Inhaftierungen in den letzten zehn oder fünfzehn Jahren der DDR wegen irgendwelcher Delikte, mit denen Ausreisebegehrende kirre gemacht werden sollten, waren politischer Natur und letztlich dann politische Haft. Das bombastische Partei-Chinesisch der Genossen Richter und Staatsanwälte in den Urteilen hatte meist überhaupt keinen Realitätsbezug.

Aus den verschiedensten Zahlenangaben offizieller Stellen (z. B. über Entlassungen/Amnestien), Schätzungen von „Entscheidungsträgern" und aus Dokumenten, die inzwischen in deutschen und sowjetischen Archiven gefunden wurden, läßt sich folgende Übersicht geben:

Von Juni 1945 bis Januar 1950 wurden von der sowjetischen Geheimpolizei mit Unterstützung deutscher Stellen und Organisationen mindestens 130 000 Männer, Frauen und Jugendliche verhaftet. Ca. 19 500 wurden in die Sowjetunion deportiert. Mindestens 53 000 Häftlinge kamen in Lagern auf deutschen Boden um. 765 wurden hingerichtet. In zwei Entlassungsaktionen (1948 und 1950) kamen 43 000 Häftlinge frei, 14 000 Häftlinge wurden der DDR zur Aburteilung bzw. weiteren Haft übergeben. Die DDR selbst hat schätzungsweise 180 000 Menschen aus politischen Gründen verurteilt, davon etwa 180 zum Tode. Das letzte Todesurteil wurde im Juni 1981 vollstreckt.

от 27 VII 1945 года

"УТВЕРЖДАЮ"

З.НАРКОМА ВНУТРЕННИХ ДЕЛ СОЮЗА ССР

ГЕНЕРАЛ - ПОЛКОВНИК

И. СЕРОВ.

27 " июля 1945 года.

Сов:секретно

Рассекречено

ВРЕМЕННОЕ ПОЛОЖЕНИЕ

О спецлагерях НКВД на оккупированной территории Германии.

Спецлагеря НКВД организуются и ликвидируются распоряжением Уполномоченного НКВД СССР по Группе Советских Оккупационных Войск в Германии.

Лагеря НКВД предназначены для содержания арестованных подпадающих под пункт I-й приказа НКВД СССР за № 00315 от 18 апреля 1945 года.

Основной задачей лагеря является полная изоляция содержащихся в лагере контингентов и недопущение побегов.

I. УСТРОЙСТВО ЛАГЕРЯ

I. Лагеря НКВД организуются изолированно от гражданского населения и доступ в расположение лагеря посторонним лицам запрещается, о чем в соответствующих местах выставляются указатели с надписью: "Хождение и проезд воспрещен".

2. Все помещения лагеря за исключением /служебных/ должны быть взяты в ограждение сплошным забором или проволочными ограждениями высотой не менее 3-х метров.

3. Ограждения лагеря строятся так чтобы с каждого угла ограждения по периметру в обе стороны был хороший просмотр внутренней и внешней сторон лагерной зоны т.е. квадратом или прямоугольником.

4. На расстоянии 3-5 метров с внешней и внутренней стороны во всю длину основного ограждения устанавливается запретная зона ограждаемая колючей проволокой в I,5 - 2 метра высотой.

5. Для часовых наружной охраны лагеря с внешней стороны на углах лагерной зоны устанавливаются постовые вышки.

Расстояние между постовыми вышками не должно превышать 80-100 метров и должно обеспечивать часовому слуховую и зрительную связь с часовыми ближайших от него вышек.

ПРИМЕЧАНИЕ: В зависимости от длины периметра лагерного ограждения между угловыми вышками строятся дополнительные вышки.

In der nebenstehend im Faksimile abgedruckten „Zeitweiligen Anordnung" vom 21. Juli 1945, die am 27. Juli von Generaloberst I. Serow „betätigt" wurde, wird die Einrichtung von Speziallagern des NKWD („Volkskommissariat für innere Angelegenheiten der UdSSR") befohlen. Ihre Hauptaufgabe sei die „völlige Isolierung der im Lager befindlichen Kontingente und die Fluchtverhinderung". Die Lager seien für Häftlinge vorgesehen, auf die Punkt 1 des NKWD-Befehls Nr. 00315 vom 18. April 1945 zutreffe. Dort heißt es, daß „bei der Durchführung tschekistischer Maßnahmen zur Säuberung des Hinterlandes der kämpfenden Truppen der Roten Armee von feindlichen Elementen" etliche Personengruppen zu verhaften seien. – Nach der aufgeführten Aufzählung konnte fast jeder Deutsche verhaftet werden.

. . . und wieder Sachsenhausen

Eva Fischer

1929 in Berlin geboren;
Schulbesuch, später Arbeit bei der Lufthansa und als Hilfsschwester;

1946 erste Verhaftung und Verurteilung durch ein sowjetisches Militärgericht wegen „antisowjetischer Propaganda", Einlieferung in das ehemalige KZ Sachsenhausen;

1950 Überführung in das Gefängnis Hoheneck;

1953 Teilnahme an einem Häftlingsstreik, danach Verlegung nach Brandenburg;

1954 Haftentlassung und Flucht nach West-Berlin;
Abitur und anschließend Journalistikstudium;

1958 zweite Verhaftung in Ost-Berlin und Verurteilung zu drei Jahren und zehn Monaten wegen des Verdachts auf „Verrat am Weltfrieden";

1962 Entlassung nach West-Berlin;
Ausbildung zur Kriminalpolizistin;

1978 vorzeitige Pensionierung wegen gesundheitlicher Schäden, die durch die lange Haft verursacht wurden.

Eva Fischer wird im Jahre 1929 in Berlin geboren. Nach ihrer Schulzeit versucht sie, Chemikerin oder Fotografin zu werden. Doch der Krieg verhindert es. Sie arbeitet bei der Lufthansa und pflegt als Hilfskrankenschwester Verwundete.
Am 2. August 1946 wird Eva Fischer von der sowjetischen Geheimpolizei verhaftet und in ein Gefängnis nach Nauen gebracht. Im Dezember 1946 wird sie durch ein sowjetisches Militärtribunal wegen „antisowjetischer Propaganda" zu 25 Jahren Haft verurteilt. Am Heiligen Abend 1946 wird Eva Fischer in das Speziallager und frühere KZ Sachsenhausen übergeführt. Die Ankunft dort ist für sie ein tiefer Schock: 10 000 Häftlinge in verwanzten und eiskalten Baracken.
Im Februar 1950 wird das Speziallager Sachsenhausen aufgelöst, ein Teil der Häftlinge wird entlassen, andere werden nach Rußland transportiert oder dem Ministerium des Innern der DDR übergeben. Eva Fischer gehört nicht zu den Glücklichen, die freikommen. Sie wird in das berüchtigte Frauenzuchthaus Hoheneck verlegt. Dort beteiligt sie sich im Herbst 1953 an einem Häftlingsstreik. Die Gefängnisleitung hatte zuvor alle Gespräche über die Haftbedingungen abgelehnt. Als Anführerin wird Eva Fischer sofort isoliert und zur Strafe in das Männerzuchthaus Brandenburg-Görden gebracht. Hier bleibt sie bis zu ihrer Entlassung am 21. Januar 1954. Sie flüchtet sofort nach West-Berlin.
Nach einer nur kurzen Ruhepause besucht Eva Fischer wieder eine Schule und besteht nach rund zwei Jahren die Abiturprüfung. Trotz schwerer gesundheitlicher Folgen der Haft nimmt sie nach dem Abitur ein Journalistenstudium auf. Und sie engagiert sich in der SPD.
Im Jahre 1958 wird Eva Fischer an das Krankenbett ihrer in Ost-Berlin lebenden Mutter gerufen. Erst als sie auf dem S-Bahnhof Ostkreuz von Stasi-Mitarbeitern verhaftet und in die zentrale Untersuchungshaftanstalt des Staatssicherheitsdienstes in Berlin-Hohenschönhausen eingeliefert wird, weiß sie, daß sie in eine Falle getappt ist. Man schlägt ihr zunächst vor, in der DDR zu bleiben und in Studentenkreisen über die schlechten Lebensbedingungen in West-Berlin zu reden, um die Abwanderung der Ost-Studenten über die damals noch nicht zugemauerte Sektorengrenze nach West-Berlin eindämmen zu helfen. Als sie ablehnt, wird sie in einer Dunkelzelle fünf Monate in Einzelhaft gehalten.

Ihre Verurteilung erfolgt in Frankfurt (Oder) wegen des Verdachts auf Verrat am Weltfrieden zu drei Jahren Freiheitsentzug. Sie sei hinreichend verdächtigt, im Westen über ihre 7 1/2 jährige Haft in Sachsenhausen berichtet zu haben. Da sie außerdem an einem Lehrgang der SPD in Bergneustadt – einer „Spionagezentrale" – teilgenommen hatte, wurden weitere zwei Jahre Freiheitsentzug ausgeworfen, die mit der anderen Strafe zu 3 Jahren und 10 Monaten Haft zusammengezogen wurde. Bei der Amnestie von 1960 soll sie freigelassen werden. Schon in ihrer Zivilkleidung wird sie vom Staatssicherheitsdienst aus der Entlassungszelle geholt: sie soll sich schriftlich zur Mitarbeit verpflichten. Sie lehnt ab und wird wieder in den Strafvollzug gebracht, aus dem sie erst am 4. Januar 1962 entlassen wird.

Eva Fischer lebt heute als Rentnerin in Berlin.

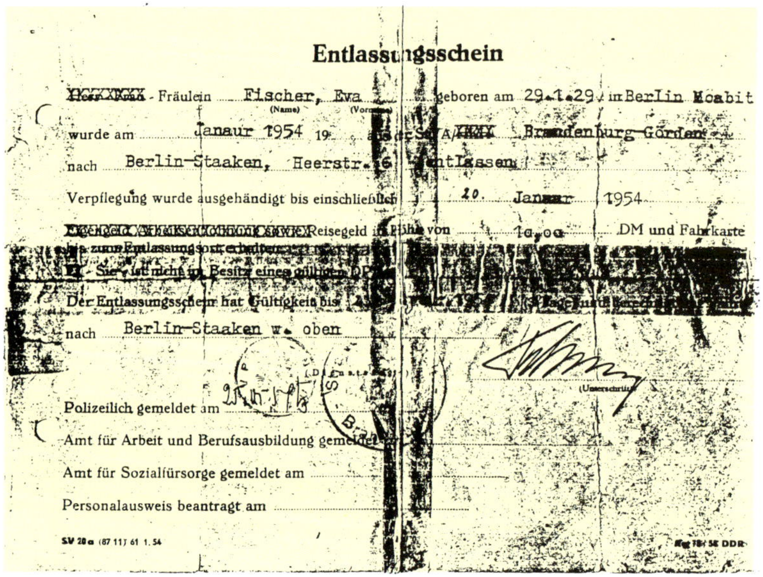

Entlassungsschein

~~Herr Frau~~ - Fräulein Fischer, Eva (Name) (Vorname) geboren am 29.1.29 in Berlin Moabit

wurde am Janaur 1954 19.. aus der StVA/~~[illegible]~~ Brandenburg-Görden

nach Berlin-Staaken, Heerstr. 16 entlassen.

Verpflegung wurde ausgehändigt bis einschließlich 20. Januar 1954

~~[illegible]~~ Reisegeld in Höhe von 10,00 DM und Fahrkarte bis zum Entlassungsort erhalten [illegible]

Sie ist nicht im Besitz eines gültigen D[illegible]

Der Entlassungsschein hat Gültigkeit bis [illegible]

nach Berlin-Staaken w. oben

(Dienststempel) (Unterschrift)

Polizeilich gemeldet am 23.[illegible]

Amt für Arbeit und Berufsausbildung gemeldet am

Amt für Sozialfürsorge gemeldet am

Personalausweis beantragt am

SV 28a (87 11) 61 1. 54 Ag 18/ 54 DDR

" Eine kaum zu beschreibende Verwahrlosung "

Eva Fischer

Pro Person gab es eine Decke, Strohsäcke waren nicht vorhanden. Die Liegefläche pro Person betrug in der Breite 42 Zentimeter. Wir konnten nur auf der Seite liegen, und nachts hieß es dann mehrmals: »Alles umdrehen!« Schon nach wenigen Tagen hatten sich bei mir auf beiden Hüftknochen Wunden gebildet, die nicht behandelt werden konnten und sich deshalb schmerzhaft immer mehr entzündeten.

Die meisten besaßen nur das, was sie auf dem Leibe trugen, und da ich im Sommer verhaftet wurde, hatte ich weder Strümpfe noch einen Mantel. Zum Glück hatte ich mir bei der GPU einen Kamm organisiert, den ich immer bei mir trug, denn er war eine Kostbarkeit.

Schon in der ersten Nacht begann ein furchtbarer Alptraum, der zu den unauslöschlichsten Erinnerungen gehört und viele bis an den Rand des Wahnsinns trieb. Tausende von Wanzen belebten die Holzpritschen und Wände der Baracke und stürzten sich auf ihre wehrlosen Opfer. Reihum wechselten wir uns zwar ab und gingen in dem schmalen Gang auf und ab, aber die Wanzen ließen sich von der Dekke auf die Menschen herabfallen, so daß ein Entkommen nicht möglich war. Da die Baracke stets verschlossen war, quälten die Biester uns Tag und Nacht, fielen ins Essen und aufs Brot und wurden mitgegessen, denn sie waren in der Dunkelheit nicht zu sehen.

Dicht unter der Decke über dem Fenster lief durch die ganze Baracke ein zirka vier Zentimeter dickes Rohr, durch das abends gegen neunzehn Uhr für eine Stunde Warmluft ging, was nicht verhinderte, daß im Winter Eiskristalle die Barackenwände schmückten. In Kammer 10 lagen drei werdende Mütter unter den gleichen Bedingungen und bei gleicher Kost. Als die ersten Kinder geboren waren, war es manchmal so kalt, daß den Müttern die Milch wegblieb und die Kinder die dünne Suppe eingeträufelt bekommen mußten, die unsere Kost darstellte.

Die Verpflegung war sehr schwankend. Morgens gab es einen halben Liter dünne Suppe mit ein paar Graupen oder Buchweizen darin, mittags dreiviertel Liter Sauerkrautsuppe ohne Fleisch und Fett, zwischendurch 300 Gramm, später auch mal 350 Gramm Brot und schwarzen Tee. Ganz schlimm waren 1947 einige Wochen, wo es nur Suppe aus Kartoffelschalen gab, die einen so penetranten Geruch verströmte, daß selbst der hungrigste Magen sich erst einmal sträubte, den Fraß bei sich zu behalten.

In diesem kurzen Bericht auf die seelischen Belastungen, auf die Ausbrüche von panikartigen Massenweinkrämpfen, auf den unaufhörlichen, ständig bohrenden Hunger und den Kampf gegen Wanzen und Kälte und ständige Bedrohung einzugehen, ist unmöglich. Genausowenig kann ich auf all die Beispiele von Mut, Kameradschaft, Nächstenhilfe und wahrer Menschlichkeit eingehen, die ein Überleben überhaupt möglich machten.

Aus: " Stalins Lager in Deutschland 1945 - 1950 "
Jan von Flocken / Michael Klonovsky

Auflösung der Speziallager

Zwei Ereignisse sind für die Chronik der politischen Verfolgung in der Sowjetischen Besatzungszone/DDR für das weitere Schicksal der Häftlinge auf deutschem Boden wichtig:

1. Nach einer ersten Entlassungsaktion 1948 löste die sowjetische Besatzungsmacht im Januar 1950 die wegen der Entlassungen und vor allem der vielen Todesfälle auf drei Speziallager zusammengeschrumpften letzten Gewahrsame Sachsenhausen, Buchenwald und Bautzen auf. Sie übergab nach weiteren Entlassungen (siehe Zahlenspiegel) die restlichen Häftlinge an die DDR zur weiteren Strafverbüßung (SMT-Verurteilte) oder zur Verurteilung (Nichtverurteilte). Die sowjetische Besatzungsmacht behielt sich aber Verurteilungen durch ihre Militärgerichte in politischen Strafsachen weiterhin vor.
2. Die DDR baute das Justizsystem um. Justizvollzugs- und Untersuchungshaftanstalten wurden der Volkspolizei unterstellt. Nachdem das neu geschaffene Ministerium für Staatssicherheit (neben Volkspolizei und Zoll) zum Untersuchungsorgan ernannt wurde, richtete diese politische Polizei nach und nach in allen Bezirken und einigen Kreisen der DDR eigene Untersuchungshaftanstalten ein.

Für die politischen Häftlinge der DDR bedeutete dies 1950: die Verurteilten kamen unter ein äußerst hartes und unmenschliches Haftregime völlig unerfahrener, aber politisch geschulter Volkspolizisten; die bis dahin noch nicht einmal von den sowjetischen Militärgerichten verurteilten Häftlinge wurden von juristisch ungebildeten, aber politisch geschulten Volksrichtern in Waldheim (Sachsen) in Schnellverfahren (durchschnittlich etwa 20 Minuten pro „Verhandlung"!) zu drakonischen Strafen verurteilt – man konnte meinen, das furchtbare Beispiel des Nazi-Volksgerichtshofes habe es nicht gegeben.

Thomas Mann an Walter Ulbricht

Zu den Waldheimer Prozessen schrieb Thomas Mann im Juli 1951 an Walter Ulbricht einen Brief, in dem er u.a. ausführte: „Hat es irgendeinen Sinn, diese armen Kreaturen, schwache, anpassungsbedürftige Durchschnittsmenschen, die es nicht anders wußten, als daß man den Mantel nach dem Wind hängen muß und zweifellos heute wieder bereit wären, ihn nach dem neuen Winde zu hängen –, hat es einen Sinn, sie ganz im Stil jenes zur Hölle gefahrenen Roland Freisler, der genau so seine Zuchthaus- und Todessprüche verhängte, aburteilen zu lassen und damit der nichtkommunistischen Welt ein Blutschauspiel zu geben, das ein Ansporn ist allem Haß, aller Furcht, aller Propaganda für die ‚Unvermeidlichkeit' des Krieges – und eine moralische Niederlage für alle, die diesen Krieg für das größte Unheil halten, das die Menschheit treffen kann? ... Das deutsche Wort ‚gnadenlos' hat einen eigentümlich doppelten Sinn. Es bedeutet zugleich ‚unbarmherzig' und ‚unbegnadet'. Unbegnadet ist der starre Wahn, allein die ganze Wahrheit und das Recht auf unerbittliche Grausamkeit zu besitzen. Wer aber Gnade übt, der wird Gnade finden."

Waldheimer Prozesse

Mit der Auflösung der Speziallager Anfang des Jahres 1950 übernahm die erst wenige Monate alte DDR von der Besatzungsmacht 194 weibliche und 3 234 männliche Häftlinge zur Aburteilung, die bereits mehrere Jahre in den Lagern verbracht hatten. Es waren angeblich Kriegs- und Naziverbrecher, die nicht zur Entlassung kommen sollten. Warum diese Frauen und Männer nicht von Sowjetischen Militärtribunalen (SMT) verurteilt worden waren, wie in vielen vergleichbaren Fällen auch, ist nicht bekannt. Den DDR-Behörden wurden auch keine Akten übergeben, sondern nur jeweils eine Seite umfassende Haftbegründungen, die in fast allen Fällen nur pauschale Vorwürfe über eine Zugehörigkeit zu einer NS-Organisation enthielten, selten persönliche Belastungen. 20 Frauen und 142 Männer waren sogar wegen irgendwelcher Nachkriegsvergehen (z. B. wegen antisowjetischer Plakatkleberei) in Haft genommen worden.

Diese Häftlinge wurden im Februar 1950 aus den Speziallagern Buchenwald, Bautzen und Sachsenhausen in die bereits der Volkspolizei unterstellte Strafanstalt Waldheim (Sachsen) gebracht, wo sie – nach entsprechender politischer Schulung des Wachpersonals – einem besonders brutalen Verwahrsystem unterworfen wurden. (43 Häftlinge starben noch vor den Prozessen.) Einzige Verbesserung ihrer Lage war der ab März 1950 mögliche Schriftverkehr mit den Angehörigen, der in den Jahren der Speziallagerhaft unterbunden war. Unter direkter Leitung des Zentralsekretariats der SED, des Innenministeriums und des Justizministeriums begann eine in der deutschen Rechtsgeschichte einmalige Aktion. Während die SED linientreue Staatsanwälte und Richter aussuchte und politisch indoktrinierte, wurden über die Häftlinge hauptsächlich von Kriminalpolizei-Schülern erst einmal Akten zusammengestellt (Fragebogen, Lebenslauf, Vermögenserklärung), die die Grundlage für die Anklageschriften (Soll: 150 Stück pro Tag) abgaben. Als die Untersuchungsgruppen in einen Wettbewerb traten, gab es im Mai 1950 auch über 260 Anklageschriften pro Tag. Unter der Scheinfirmierung „Sonderstrafkammern des Landgerichts Chemnitz“ begannen am 26. April sechs Strafkammern den „Probebetrieb“ und verurteilten in vier Tagen nur 53 Häftlinge. Es wurden deshalb bis Mitte Mai 20 Kammern gebildet, die schließlich bis zum 8. Juni an 21 Verhandlungstagen über 2 000 Verurteilungen schafften. Insgesamt verurteilten diese „Gerichte“ ohne Zeugen zu hören und nur bei Höchststrafen in Anwesenheit eines Scheinverteidigers in durchschnittlich etwa 20 Minuten dauernden Verhandlungen 3 320 Personen: 5 bis zu 4 Jahren, 290 zwischen 10 und 14 Jahren, 1901 zwischen 15 und 25 Jahren, 146 zu lebenslanger Haft, 31 zum Tode. (Der Rest der ursprünglich eingelieferten Häftlinge war verstorben oder verhandlungsunfähig.) Es gab keine Freisprüche. Bis auf 10 Schauprozesse, die die Aktion als gerechtfertigt darstellen sollten, fanden alle Prozesse im Zuchthaus Waldheim unter Ausschluß der Öffentlichkeit statt. Kein einziges Waldheim-Urteil hätte einer rechtsstaatlichen Überprüfung standgehalten.

Am 4. November 1950 wurden im Keller des Zuchthauses Waldheim 24 Todesurteile durch Strangulieren vollstreckt, die Hinrichtung durch Fälschung der Todesurkunden kaschiert. Im Sommer 1952 kamen 997 Waldheim-Verurteilte frei, bei 1024 wurde die Strafe erheblich herabgesetzt. 1954 wurden 693 Verurteilte begnadigt, 1955 kamen 709 vorzeitig frei. Der letzte in Waldheim Verurteilte wurde 1964 entlassen.

Übernahme der politischen Verfolgung durch die DDR

Bei der Verfolgung politisch Verdächtiger und Mißliebiger durch die sowjetische Besatzungsmacht hatte das Kommissariat 5 der neu geschaffenen Volkspolizei mitgeholfen. Auf dieser Basis schuf sich die DDR eine eigene politische Polizei: den *Staatssicherheitsdienst.* Mit eigenen Untersuchungsgruppen und Untersuchungshaftanstalten, in denen die Staatsanwaltschaft pro forma eine Statistenrolle und Verteidiger bis kurz vor dem Prozeß überhaupt keine Rolle spielten, konnte diese zum „Schwert und Schild" der SED ernannte Geheimpolizei den ganzen politischen Terror voll entfalten. Hierzu gab die SED-Spitze genügend Aufträge, um die Umgestaltung von Staat und Gesellschaft der DDR im kommunistischen Sinne rigoros voranzutreiben. Beliebteste Vorwände auf breiter Basis waren willkürliche Steuerfestsetzungen und Steuerstrafen, um die *mittelständische Industrie* zu enteignen und „volkseigen" zu machen. Auch die Verfolgung von *Bauern* und *„Großbauern"* unter allen möglichen Vorwänden gehörte zum Tagesgeschäft der „Staatssicherheit" (wie sich die politische Geheimpolizei gern nannte), um die (zunächst als „Bodenreform" ausgegebene) Kollektivierung der Landwirtschaft voranzutreiben und nicht kollektivierungswillige Bauern einzuschüchtern. Ähnlich erging es den *Handwerkern.* Auch die *politischen Parteien,* die man neben der SED als demokratisch aussehendes Mäntelchen zugelassen hatte, wurden durch Verhaftungen und Verurteilungen ihrer demokratisch gewählten Führer und Aktiven durch sowjetische Militärgerichte und DDR-Gerichte gleichgeschaltet und waren bis zum Ende der DDR nur noch politische Dekoration. Der Großhandel und das Bankwesen wurden verstaatlicht und „Klassenfeinde" durch Inhaftierungen ausgeschaltet.
Aber auch die Universitäten und Hochschulen mußten gleichgeschaltet werden. Unter dem Slogan „Stürmt die Festung Wissenschaft" gab es zahlreiche Verhaftungen von *Studenten* und *Professoren.*

Strafvollzug durch Polizei

Ende 1949 / Anfang 1950 übernahm die Volkspolizei die Justizhaftanstalten in der neu geschaffenen DDR. Das nur politisch geschulte neue Wachpersonal der VP war völlig überfordert und ersetzte pädagogische und psychologische Kenntnisse durch ungeheure Härte vor allem gegenüber politischen Häftlingen. Übergriffe waren an der Tagesordnung und wurden bis zum Ende der DDR nicht juristisch verfolgt. Für den Strafvollzug gab es in der Volkspolizei einen eigenen Dienstzweig mit militärischen Diensträngen – was den militaristischen Betrieb in den Haftanstalten förderte.

GESETZBLATT

der Deutschen Demokratischen Republik

277

1976	Berlin, den 16. Juni 1976	Teil I Nr. 20

Inhalt

Anordnung des Nationalen Verteidigungsrates der Deutschen Demokratischen Republik über den Dienst in der Deutschen Volkspolizei sowie in den Organen Feuerwehr und Strafvollzug des Ministeriums des Innern (Dienstlaufbahnordnung)

vom 3. Mai 1976

Die Deutsche Volkspolizei und die Organe Feuerwehr und Strafvollzug des Ministeriums des Innern sind ein untrennbarer Bestandteil der einheitlichen sozialistischen Staatsmacht der Deutschen Demokratischen Republik. Sie haben auf der Grundlage der Verfassung der Deutschen Demokratischen Republik, der Gesetze und anderen Rechtsvorschriften die öffentliche Ordnung und Sicherheit zu gewährleisten und die sozialistische Entwicklung in der Deutschen Demokratischen Republik zuverlässig zu schützen.

Zur Regelung des Dienstverhältnisses in der Deutschen Volkspolizei (außer Wehrersatzdienst) sowie in den Organen Feuerwehr und Strafvollzug des Ministeriums des Innern wird auf Grund der Ziff. 4 des Beschlusses des Staatsrates der Deutschen Demokratischen Republik vom 10. Dezember 1973 über den Dienst in den bewaffneten Organen und die militärischen Dienstgrade (GBl. I Nr. 57 S. 555) angeordnet:

I. Abschnitt

Allgemeine Bestimmungen

§ 1

Grundlagen des Dienstverhältnisses

(1) Der Dienst in der Deutschen Volkspolizei sowie in den Organen Feuerwehr und Strafvollzug des Ministeriums des Innern — nachstehend Organe des Ministeriums des Innern genannt — wird auf der Grundlage der Gesetze und anderer Rechtsvorschriften vom Minister des Innern und Chef der Deutschen Volkspolizei durch Befehle, Direktiven und andere Weisungen geregelt.

(2) Für den Dienst in den Organen des Ministeriums des Innern finden die zur Regelung der Arbeitsrechtsverhältnisse der Arbeiter und Angestellten erlassenen Bestimmungen keine Anwendung.

§ 2

Grundsätze für die Einstellung

(1) In die Organe des Ministeriums des Innern können Bürger der Deutschen Demokratischen Republik eingestellt werden, die politisch zuverlässig und bereit sind, dem sozialistischen Vaterland, der Deutschen Demokratischen Republik und ihrer Regierung, allzeit treu ergeben zu sein und deren charakterliche Veranlagung, moralische Haltung sowie körperliche Leistungsfähigkeit die Gewähr dafür bieten, allen physischen und psychischen Anforderungen des Dienstes gewachsen zu sein.

(2) Voraussetzung für die Einstellung männlicher Bürger der Deutschen Demokratischen Republik in die Organe des Ministeriums des Innern ist die Ableistung des Grundwehrdienstes. Ausnahmen bedürfen der Zustimmung des Ministers für Nationale Verteidigung.

§ 3

Beginn des Dienstverhältnisses

(1) Das Dienstverhältnis in den Organen des Ministeriums des Innern beginnt mit dem Tag der Einstellung.

(2) Das Dienstverhältnis beruht auf dem Dienstvertrag mit der Verpflichtung, langjährig Dienst in den Organen des Ministeriums des Innern zu leisten.

(3) Die Mindestdienstzeit beträgt:

a) für Wachtmeister fünf Dienstjahre

b) für Offiziere zehn Dienstjahre als Offizier.

§ 4

Vereidigung

Die eingestellten Wachtmeister und Offiziere leisten den Eid der Angehörigen der Deutschen Volkspolizei sowie der

Größere Prozesse fanden statt nach einem Streik der Studenten gegen die Umwandlung der Medizinischen Fakultät der Universität Greifswald in eine Militärakademie (mit über 200 Verhaftungen!), nach Diskussionen unter den Studenten über das sowjetische Vorgehen in Ungarn (1956), gegen eine studentische Widerstandsgruppe, die sich *„Eisenberger Kreis“* nannte (1959 vier Prozesse mit 24 Angeklagten), und gegen andere Gruppierungen, die im Lauf der Zeit immer wieder entstanden, wie z. B. in Jena (1958 wurden dort 24 Personen, vorwiegend Studenten, zu über 114 Jahren Zuchthaus verurteilt). Allein zwischen 1945 und 1962 wurden 1078 Studenten, Professoren und Universitätsangehörige verhaftet. 14 von ihnen wurden zum Tode verurteilt, 26 kamen in der Haft um. 148 Frauen und Männer hatte man in die Sowjetunion deportiert. Viele Wissenschaftler entzogen sich dem Terror durch die Flucht in den Westen.
Widerstand gegen diese Sowjetisierung wurde rigoros mit Hilfe der sowjetischen Militärgerichte oder den nach und nach in die politische „Recht“sprechung einsteigenden 1. Strafsenate der Bezirksgerichte und des Obersten Gerichts der DDR gebrochen. Allein zwischen 1950 und 1959 wurden von diesen Gerichten über 27 300 Urteile aus politischen Gründen gefällt. Die Zahl der Verurteilungen durch die Sowjetischen Militärtribunale ist bisher nicht bekannt. Auffallend ist, daß man sogar *SED-Funktionäre* der sowjetischen Justiz überließ. So wurden z. B. die hohen SED-Funktionäre Leo Bauer, Bruno Goldhammer und Willi Kreikemeyer 1950 verhaftet, von Sowjetischen Militärtribunalen als „Parteifeinde“ zum Tode verurteilt und in die Sowjetunion deportiert. Nach Stalins Tod zu 25 Jahren Arbeitslager begnadigt, kamen erstere erst 1955 frei. Die Todesumstände Kreikemeyers sind bis heute nicht geklärt. 1950 wurde sogar der stellvertretende KPD-Vorsitzende Kurt Müller aus Westdeutschland in die DDR gelockt, 1953 durch ein sowjetisches Militärgericht in Ostberlin verurteilt und in die Sowjetunion verschleppt. Auch er kam erst Ende 1955 frei. Diese „Arbeitsteilung“ bestand in den ersten Jahren nach der Gründung der DDR (bis 1955): SMT und DDR-Gerichte übten den justitiellen Terror gemeinsam aus.
Im April 1950 veranstaltete das Oberste Gericht der DDR unter dem Vorsitz der späteren Justizministerin Hilde Benjamin („rote Guillotine“) im Landestheater Dessau seinen ersten Schauprozeß, in dem *Oppositionelle* aus der SPD und aus bürgerlichen Kreisen zu hohen Zuchthausstrafen verurteilt wurden. Im Juli 1950 wurden ebenfalls in Schauprozessen in Güstrow und Greifswald leitende Angestellte der *Raiffeisengenossenschaft* zu langjährigen Zuchthausstrafen verurteilt. Im September 1950 wurden die schon von den Nazis verfolgten *Bibelforscher* („Zeugen Jehovas“) verboten, was zahlreiche Verurteilungen zur Folge hatte. Im Dezember 1950 verurteilte das Oberste Gericht in

zwei Schauprozessen den thüringischen *Finanzminister* und leitende Angestellte des *Finanz- und Bankwesens* sowie frühere Direktoren und leitende Mitarbeiter eines großen *Industriebetriebes* wegen angeblicher Sabotage zu hohen Zuchthausstrafen. Im Januar 1951 folgten Verurteilungen von Raiffeisen-Direktoren in Erfurt. Unter Mißbrauch des Artikels 6 der damaligen DDR-Verfassung, der keine konkreten Straftatbestände und Strafandrohungen enthielt, wurden mangels politischer Straftatbestände im Strafgesetzbuch Hunderte von Urteilen wegen „Boykotthetze" gefällt.

Die „rote Guillotine"

Wohl keine Richterin der DDR war so verhaßt und gefürchtet wie die den Spitznamen „rote Guillotine" führende Hilde Benjamin. Die 1902 geborene Juristin hatte nach ihrem Studium den jüdischen Arzt Dr. Georg Benjamin geheiratet, trat in die KPD ein und war als Rechtsanwältin Mitglied des Zentralvorstandes der „Roten Hilfe". Die Nazis schlossen sie 1933 sofort aus der Anwaltschaft aus. Nach beratender Tätigkeit bei der sowjetischen Handelsvertretung in Berlin wurde sie zu Arbeiten in der Konfektionsindustrie zwangsverpflichtet. Ihr wegen illegaler politischer Betätigung verhafteter Mann kommt 1943 im KZ Mauthausen ums Leben. Im Mai 1945 wird sie Oberstaatsanwalt am Amtsgericht Berlin-Steglitz und etwas später Vortragender Rat bei der Deutschen Justizverwaltung, der Vorgängerin des DDR-Justizministeriums. Von 1949 bis 1953 leitete sie als Vizepräsidentin des Obersten Gerichts der DDR und Vorsitzende des 1. Strafsenats die ersten Schauprozesse in der DDR, in denen sie u. a. auch zwei Todesurteile verhängte. Ihre keifende Stimme und das Beschimpfen der Angeklagten, u. a. in Prozessen gegen die „Zeugen Jehovas" und im „Burianek-Prozeß", brachten ihr den Ruf einer bedingungslos harten SED-Richterin ein. Ihren Doktor-Titel erhielt sie ehrenhalber in dieser Zeit von der Berliner Humboldt-Universität. Von 1953 bis 1967 hat sie als Justizministerin und Mitglied in etlichen DDR-Gremien (u. a. Mitglied des ZK der SED und der Volkskammer, Vorsitzende der Gesetzgebungskommission beim Staatsrat) an der dolosen Gesetzgebung und Verschärfung des politischen Strafrechts der DDR einen Hauptanteil gehabt. Bis zu ihrem Tod im April 1989 war sie Professorin für Geschichte der Rechtspflege an der Akademie für Staats- und Rechtswissenschaft der DDR, der Kaderschmiede für Staatsfunktionäre.

Unser Bild zeigt die Vorsitzende Hilde Benjamin im Dezember 1950 in einem Schauprozeß in Bernburg (Saale) gegen leitende Mitarbeiter der Solvay-Werke, in dem sie gegen zehn Angeklagte wegen „Sabotage" 99 Jahre Zuchthaus verhängte.

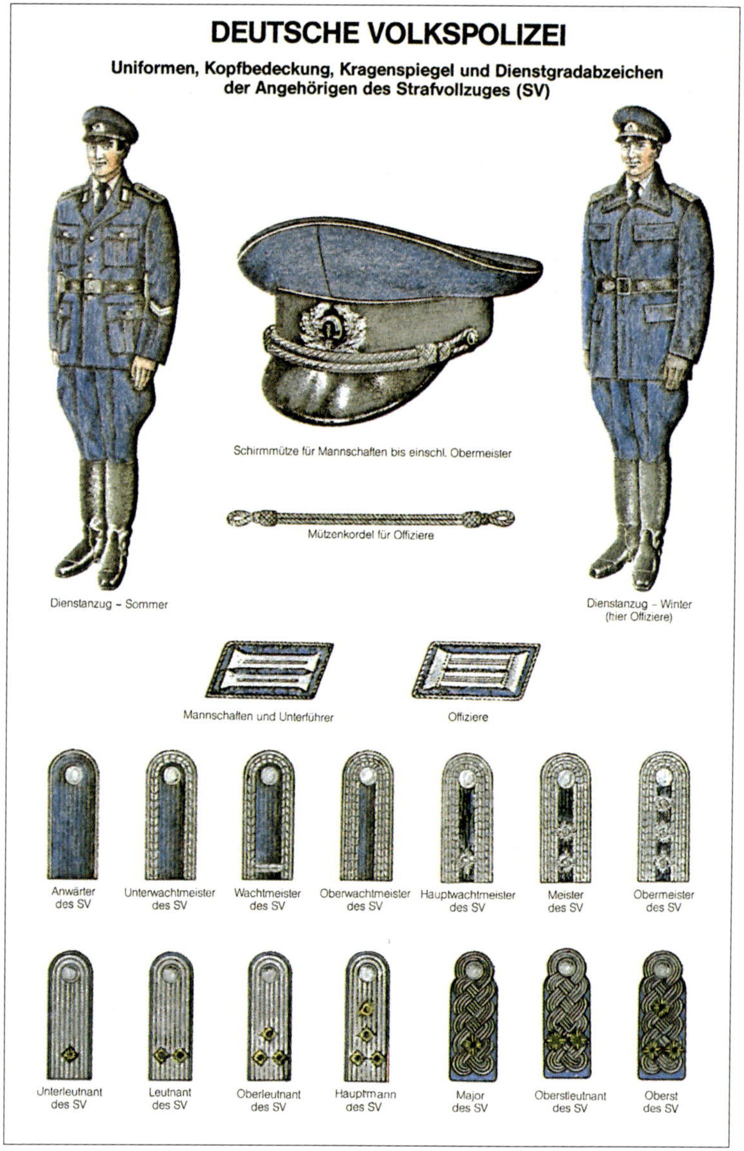

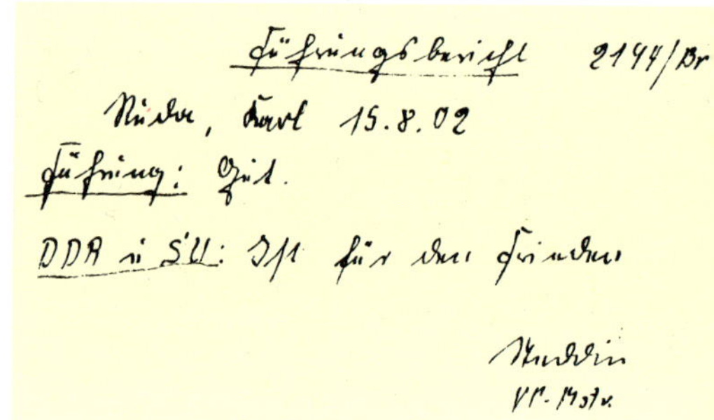

„Führungsberichte" dieser Qualität waren lange Zeit die Grundlage für einen Gesamtführungsbericht der Anstalt, den sie auf Anfragen der Staatsanwaltschaften für Begnadigungen zur Verfügung stellte, oder der Grundlage für Haftvergünstigungen oder -verschärfungen bei politischen Häftlingen war. (Beurteilung des Kommandoleiters in der Strafvollzugsanstalt Brandenburg-Görden, VP-Meister Steddin)

Die Volkspolizisten, die in den Untersuchungs- und Strafvollzugsanstalten der DDR Dienst taten, trugen militärische Dienstränge.

Die „rotlichtbestrahlte" FdJ-Gruppe des Wachpersonals der Strafvollzugsanstalt Cottbus (Anfang der 50er Jahre).

Immer mehr *Sozialdemokraten* (etwa 6000 Sozialdemokraten waren zwischen 1945 und 1951 inhaftiert worden), Angehörige *bürgerlicher Parteien* (von 1949 bis 1953 wurden allein 516 CDU-Angehörige verhaftet) und nicht parteigebundene *Oppositionelle* gegen die neue Diktatur wurden verhaftet und stets zu hohen Zuchthausstrafen oder gar zum Tode verurteilt. In Potsdam wurden im Februar 1950 durch ein SMT 34 CDU-Angehörige zu je 25 Jahren Arbeitslager verurteilt. Einen Monat später wurde der CDU-Bürgermeister verhaftet und mit seiner Frau wegen „Spionage" zum Tode verurteilt und hingerichtet. Im Mai 1951 kam es in Ostberlin zu einem ersten Prozeß gegen Angehörige der sozialistischen Jugendorganisation *„Die Falken"*; im November 1951 wurden in Ostberlin von einem SMT 120 Personen wegen illegaler Gruppenbildung zu langjährigen Freiheitsstrafen verurteilt; am 3. Oktober 1951 wurden in Zwickau in einem Prozeß unter Ausschluß der Öffentlichkeit 19 *Oberschüler* aus Werdau zu 130 Jahren Zuchthaus verurteilt; in Schleiz

❶

❷

❸

❹

Die Schlägertruppe von Brandenburg

In einer Volkskammer-Rede zur Begründung des Strafvollzugsgesetzes der DDR vom 7. April 1977 sagte Generaloberst Friedrich Dickel (DDR-Innenminister): „Die Angehörigen des Strafvollzugs erfüllen, ausgerüstet mit dem erforderlichen politischen und fachlichen Wissen, guter Allgemeinbildung, pädagogischen und psychologischen Kenntnissen und Fähigkeiten, ihren verantwortungsvollen Auftrag. Durch korrektes und sachliches Auftreten, stets vorbildliches Handeln werden sie die ihnen mit diesem Gesetz auferlegten Pflichten jederzeit gewissenhaft wahrnehmen." Man beachte, daß das politische „Fachwissen", was immer man darunter zu verstehen hat, bei den Volkspolizisten, die die Häftlinge zu be- und überwachen hatten, an erster Stelle zu stehen hatte. In den 50er Jahren mag das „politische Fachwissen" in regelmäßigen Versammlungen („Rotlichtbestrahlung") beigebracht worden sein – alles andere fehlte fast ganz. Als die Volkspolizei 1950 die Justizhaftanstalten zu übernehmen hatte, stellten ihre einzelnen Gliederungen den Bezirksverwaltungen Deutsche Volkspolizei (BDVP) hauptsächlich unfähige und nicht genehme Genossen zu Verfügung. Auch mit der Intelligenz haperte es (siehe als Beispiel die Beurteilung eines politischen Häftlings durch seinen Wachtmeister auf Seite 40).

Die berüchtigsten Wachtmeister (und Schläger) in der Strafvollzugsanstalt Brandenburg-Görden waren z. B. Leutnant Helmut Töppich, Spitzname „Icke" (1), Leutnant Alwin Pepper, Spitzname „Remisenkater" (2), Leutnant Karl Bäker, Spitzname „Molotow" (3), und Oberwachtmeister Ernst Blaffert.

Die von ihnen „betreuten" politischen Häftlinge waren z. B. der Münchner Schauspieler Ulrich von Kronstedt (5), 1947 wegen „illegaler Gruppenbildung" von einem sowjetischen Militärtribunal zu 25 Jahren Arbeitslager verurteilt, und der Landarbeiter aus Perleberg Erich Karkutt (6), der wegen „Boykotthetze" nach Artikel 6 der DDR-Verfassung zu 12 Jahren Freiheitsentzug verurteilt worden war.

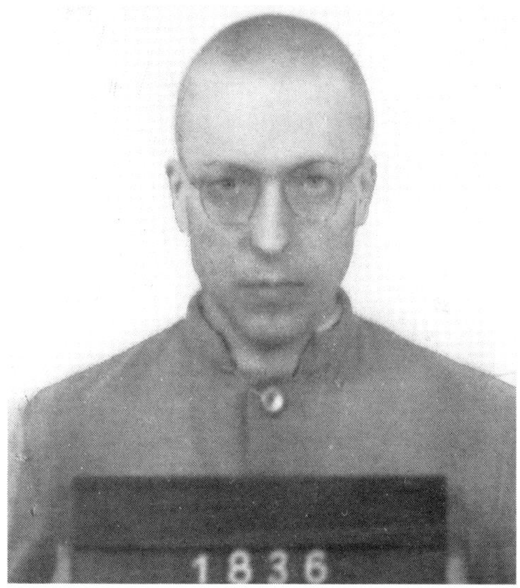

❺

❻

(Thüringen) wurden am 21. Oktober 1951 200 Personen (meist wegen Verbindung zur SPD) verhaftet. Im Juni 1952 wurde eine neue Verfolgungskategorie eingesetzt: Mängel in der Wirtschaft und Fehler in der durch die Enteignungsmaßnahmen und Planwirtschaft laborierenden Industrie wurden als *Sabotage* streng geahndet. Ein erster Prozeß fand in Zwickau über Vorgänge im Martin-Hoop-Schacht statt. Auch *„trotzkistische Umtriebe“* wurden ab August 1952 geahndet (in Berlin fällt dem ein hoher VP-Offizier aus dem Innenministerium zum Opfer). Es folgte ein Schauprozeß gegen *Schädlinge,* der deutlich antizionistische Züge trug. Die hier genannten Verhaftungen und Verurteilungen sind nur Beispiele für den Verfolgungsterror in der DDR zu dieser Zeit und bei weitem nicht vollständig.

Nachdem das Justizministerium mehr Strenge gegen die *„Großbauern“* verlangt hatte und die SED die *„Junge Gemeinde“* der Evangelischen Kirche als unliebsame Organisation ansah, begannen prompt zahlreiche Prozesse zur Unterstützung der Errichtung Landwirtschaftlicher Produktionsgenossenschaften und zur Ausschaltung der Jugendgruppen der Evangelischen Kirche. Als Folge des Juni-Aufstandes 1953 wurde dann aber die *„Junge Gemeinde“* nicht als Organisation angesehen, sondern lediglich als Bezeichnung für junge Menschen, die im Rahmen der Kirchengemeinde ihre religösen Handlungen vornähmen, „wogegen weder die Regie-

rung der DDR noch der Zentralrat der FDJ etwas einzuwenden hätten“. Die im Zusammenhang mit den Verfolgungsmaßnahmen gegen die Junge Gemeinde erfolgten Entlassungen von Lehrern, Kündigungen und Rückversetzungen von der Oberschule in die Grundschule wurden rückgängig gemacht. Mit Sonderreifeprüfungen und Zwischenprüfungen für ausgeschlossene Abiturienten und Oberschüler wurde dieses Kapitel der DDR-Verfolgung von jungen Menschen (vorläufig) abgeschlossen.

An den Verurteilungen von *Aufständischen des 17. Juni 1953* beteiligten sich sowohl Sowjetische Militärtribunale als auch DDR-Gerichte: von den 9536 verhafteten „Provokateuren“ wurden 1268 von DDR-Gerichten, 319 von SMT verurteilt.

Drei kriminelle DDR-Minister

Auch hohe DDR-Funktionäre wurden Opfer der politischen Justiz des von ihnen getragenen Regimes, das seine politische Gesetzgebung immer mehr verschärfte und „verfeinerte". Hilde Benjamin (oben rechts) hatte großen Anteil bei der Ausarbeitung immer neuer Gesetze (s. auch S. 38). Als erster Minister wurde im Dezember 1952 der Minister für Handel und Versorgung Dr. Karl Hamann (LDPD) verhaftet (und erst im Juli 1954 wegen Sabotage der Versorgung zu 10 Jahren Zuchthaus verurteilt). Im Januar 1953 folgte ihm Außenminister Georg Dertinger (CDU), der wegen Verschwörung und Spionage 15 Jahre Zuchthaus erhielt. Auf dem Bild auf Seite 44 sitzt links hinter ihm der Justizminister der DDR Max Fechner (SED), der kurz nach dem Juni-Aufstand 1953 verhaftet und 1955 in einem Geheimprozeß wegen staatsfeindlicher Tätigkeit und widernatürlicher Unzucht zu 8 Jahren Zuchthaus verurteilt wurde. Im September 1951 hatte Fechner in einer Rundverfügung verboten, in der DDR von „politischen Häftlingen" zu sprechen: es gäbe keine. Als er im März 1950 seinem Kollegen Hamann (Bild unten, links) zum Geburtstag gratulierte, ahnten beide nicht, daß sie einmal „kriminelle Häftlinge" ihrer eigenen Genossen sein würden. Fecher blieb 3 Jahre, Hamann knapp 4 Jahre und Dertinger 11 Jahre in Haft.

Die Verurteilungsorgie der SED-Justiz ließ sich nicht stoppen: allein drei *Minister* wurden 1954 zu langjährigen Freiheitsstrafen verurteilt. Etliche *Offiziere* der Armee und des Staatsicherheitsdienstes wurden hingerichtet, weil sie angeblich *Spionage* betrieben hätten oder flüchten wollten. Als Verurteilungsgründe erfand die SED neue „Tatbestände" wie *„Abwerbung"*, später „Verleitung zur Republikflucht" genannt, *oder „konterrevolutionäre Gruppierung", „Sozialdemokratismus", „Staatsverleumdung", „Staatsverrat", „Hetze", „staatsgefährdende Propaganda" und „staatsgefährdendes Nachrichtensammeln"*. Das *Abhören und Verbreiten von Nachrichten* der Westberliner Sender RIAS und Sender Freies Berlin wurde strafbar und mit Zuchthausstrafen geahndet.

Ulbrichts Todesurteile

Nachfolgend sind die ersten und letzten Seiten von „Hausmitteilungen" des Politbüro-Apparates der SED abgedruckt, mit denen bis zum Ende der DDR die Parteispitze über wichtige politische Prozesse unterrichtet wurde. Auf diesem Wege konnten auch die vorgesehenen Strafmaße korrigiert werden. In den hier abgedruckten Dokumenten hat der SED-Generalsekretär Ulbricht handschriftlich zwei Todesurteile verlangt. Die SED-Justiz richtete sich danach: Wiebach wurde am 27. 6. 1955, Kogel (zusammen mit Benkowitz) am 29. 6. 1955 in der zuvor von den Nazis genutzten Hinrichtungsstätte am Münchner Platz in Dresden geköpft. Ulbrichts treuer Gehilfe und Sekretär war seit 1949 Otto Gotsche, der 1960 unter ihm Sekretär des Staatsrates wurde und ab 1963 Kandidat bzw. Mitglied des SED-Zentralkomitees war.

SED
HAUSMITTEILUNG

11.6./111

AN	VON ABTEILUNG	DIKTATZEICHEN	DATUM	ERLEDIGUNGS-VERMERK.
Genossen Walter Ulbricht	Staatl. Organe	Str/Hl	14.6.55	
Betr.: Strafsache gegen 5 Agenten des RIAS (Wiebach und Andere)				

Die Beschuldigten sind Agenten des RIAS und haben durch die Lieferung von Spionageinformationen politischen, wirtschaftlichen und militärischen Charakters die Durchführung von Sabotage- und Diversionsakten unterstützt und zur Vorbereitung eines neuen Krieges beigetragen.

Der Beschuldigte W i e b a c h war bis Februar d.J. bei der DEWAG und berichtete an den RIAS über Inhalt und Verlauf der Betriebsversammlungen bei der DEWAG, über Versorgungsschwierigkeiten, über die Struktur des Betriebes, über Namen und Tätigkeit von SED-Mitgliedern, über die Tätigkeit der BGL, der FDJ und der Gesellschaft für Sport und Technik, über laufende Aufträge der Regierung und des ZK.
Nach seiner Entlassung lieferte er Informationen über Objekte der Sowjetarmee und der KVP, über die Stärke der Einheiten und über deren Waffen in den Gebieten Potsdam, Angern, Mirow, Leisnig, Schwerin und Peitz. Bei diesen Fahrten horchte er die Bewohner aus und fertigte verleumderische Berichte an. Bei den Treffs im RIAS lieferte er ferner Informationen über Staatsakte der Regierung, über Besuche ausländischer Delegationen und sonstige Veranstaltungen. Ähnliche Berichte gab er auch an das "Bundesamt für Verfassungsschutz" und an den CIC.
Insbesondere für die letztgenannte Spionagezentrale lieferte er Spionageberichte militärischen Charakters aus dem Gebiet Jüterbog und trug militärische Objekte in Meßtischblätter beim CIC ein.

Der Beschuldigte B a i e r ist seit 1954 Agent des RIAS. Er benutzte seine Stellung als Lektor beim VEB Globus und vermittelte an den RIAS Hetzberichte über verschiedene Schwierigkeiten in der DDR. In über 50 Treffs und hunderten von Informationen berichtete B. über die Volkswahlen, über die Tätigkeit der Wahlhelfer bei den Westberliner Wahlen und andere Dinge.

Der Beschuldigte K r a u s e ist seit 1949 Agent des RIAS und seit vielen Jahren ohne geregeltes Arbeitsverhältnis. In über 60 Treffs beim RIAS und in über 40 Berichten hat der K. unzählige Spionageinformationen zu Berichten zusammengefaßt und dem RIAS übergeben. Er lieferte Berichte über:

Baustellen, Bauarbeiten, Bewachung der Gebäude, über die Auflösung und Verlegung sowjetischer Kommandanturen, über Saatzuchtzuteilung, Bestellung, Sollerfüllung in der Landwirtschaft, Schweinepest, Struktur und personelle Besetzung des Rates des Kreises und die Zusammensetzung des Kreistages, über Versammlungen, Stockungen im S-Bahnverkehr usw.

Der Beschuldigte G a s t , Angestellter im Kreiskontor Stralsund, ist seit 1951 Agent des RIAS. Er berichtete über:

Erfassung landwirtschaftlicher Produkte, Versorgung mit Lebensmitteln wie Fleisch, Butter, Wurst und Gemüse und über sonstige Vorkommnisse.
Er berichtete ferner über die Arbeit der Kreisleitung der SED in Stralsund, über die Bauunion "Küste"

In über 35 Berichten berichtete er unter Ausnutzung seiner Stellung beim Rat der Stadt über:

Wohnungsschwierigkeiten, Bauten der KVP, Verlegung von Einheiten der KVP und über die Verhaftung von Gastwirten.

Zur Abfassung der Berichte bediente sich Gast seiner Mitarbeiterin in der Abteilung Landwirtschaft, die seine diktierten Spionageberichte auf der Maschine schrieb.

Der Beschuldigte V o g t , zuletzt Rundfunkmechaniker im Stahlwerk Brandenburg, wurde 1954 als Agent für den RIAS geworben.
Er lieferte Spionageberichte über die Erfüllung der Planauf-

lagen im Stahl- und Walzwerk Brandenburg, insbesondere an den Siemens-Martin-Öfen und der Walzstraße. Er hatte ferner den Auftrag, alle Vorkommnisse im Stahlwerk zu melden und interne schriftliche Unterlagen des Betriebes zu entwenden und an den RIAS zu liefern. Auch diesen Auftrag führte er aus.

Die Hauptverhandlung wird am 24.6.1955 beim Obersten Gericht beginnen.
Die Anklage wird Genosse Dr. Melsheimer vertreten, den Vorsitz führt der Präsident des Obersten Gerichts, Dr. Schumann.
Die Verhandlung wird öffentlich durchgeführt. Es sollen wieder Delegationen aus Betrieben und die Presse teilnehmen.

Folgende Strafen sind beabsichtigt:

Wiebach	Vorschlag Todesurteil	~~lebenslängliches Zuchthaus~~
Baier		15 Jahre Zuchthaus
Krause		lebenslängliches Zuchthaus
Gast		12 Jahre Zuchthaus
Vogt		8 Jahre Zuchthaus

Einverstanden W. Ulbricht

Staatliche Organe
Sorgenicht

„Vorschlag Todesurteil"

lautet der Vermerk des SED-Generalsekretärs Ulbricht zu diesem Prozeß, der wie erwartet auch die mit „einverstanden Ulbricht" abgezeichneten Urteile erbrachte.
Verfasser aller dieser Urteilsvorschläge in Form von „Hausmitteilungen" war Klaus Sorgenicht, der bis zum Ende der DDR Leiter der Abteilung Staats- und Rechtsfragen des Zentralkomitees der SED war. Er war außerdem Mitglied der Volkskammer und des Staatsrates. Sorgenicht begann seine politische Karriere in der sowjetischen Gefangenschaft beim Nationalkomitee Freies Deutschland. Der Schreibtischtäter bezog hierfür noch nach der Wiedervereinigung eine Ehrenpension. Gegen den jetzt 73jährigen laufen Ermittlungsverfahren, über deren Ausgang man sich nach den Entscheidungen der höchsten Bundesgerichte kaum Illusionen machen kann.

Zur Kenntnis genommen 15.6. 920a

SED
HAUSMITTEILUNG

AN	VON ABTEILUNG	DIKTATZEICHEN	DATUM	ERLEDIGUNGSVERMERK
Genossen Walter Ulbricht	Staatl. Organe	Str/Hl	13.6.55	

Betr.: Prozeß gegen 5 Agenten der KgU (Benkowitz und Andere)

Die vorliegende Strafsache richtet sich gegen Agenten der sog. Kampfgruppe gegen Unmenschlichkeit.

Der Beschuldigte B e n k o w i t z arbeitete seit 1949 für diese Spionage- und Diversionszentrale. Er hatte die Aufgabe, das Eisenbahnviadukt in Weimar, drei weitere Eisenbahnbrücken, eine Straßenbrücke in Weimar, einen Hochspannungsmast der Starkstromleitung zur Sprengung auszuspionieren und die Sprengung vorzubereiten. Eine weitere Aufgabe war die Vorbereitung der Sprengung der Saale-Talsperre und die Lahmlegung des Elektrizitätswerkes. Ferner lieferte B. Spionageberichte über Schulen, Lehrer, über Engpässe in der Versorgung, über Unterrichtsmethoden, über Ausrüstung und Waffen sowjetischer Streitkräfte, über Jugendwerkhöfe sowie über die Umsatzpläne der HO und Konsumgenossenschaft. Als stellvertretender Schulleiter hatte er Einsicht in interne Schulangelegenheiten. So verriet B. auch konkretes Material über Lehrerkonferenzen, Pionierarbeit und sonstige Vorkommnisse. Er verschaffte sich auch Kenntnisse über die Mähdrescherwerke und verriet Betriebsgeheimnisse, ferner lieferte er Spionageberichte über Kreisdelegiertenkonferenzen der SED, des FDGB und über die Zusammensetzung der neuen Kreisleitung sowie Charakteristiken.
Aktive Spionage betrieb er in der VP-Schule in Weimar. Er machte Angaben über die Besetzung der Lehrgänge, lieferte die Namen von 20 VP-Offizieren, ferner die Namen von 20 sowjetischen Offizieren, sowjetische Objekte u.a.
B. warb mehrere Personen für eine Spionagegruppe und plante die Vergiftung des Schweinebestandes des VEG Dehnstedt.
Seit 1952 war er im Besitz einer Pistole mit 16 Schuß Munition.

Benkowitz

Kogel

Die Todesstrafe

verlangte Ulbricht auch in diesem Prozeß für einen zweiten Mitangeklagten und die Festsetzung einer Freiheitsstrafe von 15 Jahren für den dritten Angeklagten. Die Genossen DDR-Richter gehorchten. Benkowitz und Kogel wurden zum Tode verurteilt und hingerichtet.

- 4 -

B. lieferte auch Originalunterschriften von dem Leiter der Tierzuchtinspektion Dresden u.a. Personen an die KgU, ferner Namen solcher Bürger der DDR, die ihm zur Anwerbung für die KgU geeignet erschienen.

B. war Student der Humboldt-Universität und Mitglied des CDU-Kreisvorstandes Dresden.

Die Hauptverhandlung soll am 21. Juni 1955 beim Obersten Gericht beginnen. Sie soll öffentlich durchgeführt werden. Insbesondere sollen daran teilnehmen Angestellte der Reichsbahndirektion und Angestellte des Ministeriums für Volksbildung sowie einige Betriebsdelegationen.
Die Auswertung soll so erfolgen, wie im Prozeß gegen die NATO-Agenten.

Die Kommission schlägt folgende Strafen vor:

Benkowitz		Todesstrafe
Kogel		" "
Schuster	15)	zwischen 15 und 10 Jahren Zuchthaus
Kammacher	)	
Busch	)	

Staatliche Organe

Sorgenicht

Rechtsanwalt Dr. Erwin Neumann

Für die Prozesse wurden auch über die noch nicht zugemauerte Sektorengrenze in Berlin unliebsame Personen in den Ostsektor gelockt (siehe Tafel **Eva Fischer**) oder gewaltsam entführt. Als besonders krasses Beispiel für viele Entführungen unliebsamer West-Berliner durch den Staatssicherheitsdienst sei der Fall des Rechtsanwalts Dr. Erwin Neumann benannt, dessen Schicksal erst nach der Wende durch MfS-Akten geklärt werden konnte. Neumann wurde während einer Segelpartie auf dem Wannsee im August 1958 durch Agenten des Staatssicherheitsdienstes entführt, am 14. Januar 1959 in einem Geheimprozeß wegen „Spionage" zu lebenslanger Haft verurteilt und in völliger Isolierung gehalten („Nummernhäftling"). Nicht einmal das Wachpersonal kannte seinen Namen. Neumann starb am 1. Juli 1967, seine Leiche wurde verbrannt. Die DDR hat nie zugegeben, Neumann in ihrer Gewalt gehabt zu haben, und gab auch nicht seinen Tod bekannt. Die DDR kein Unrechtsstaat?

Alle politischen Prozesse wurden bis zum Ende der DDR grundsätzlich unter Ausschluß der Öffentlichkeit geführt. Nicht einmal die Angehörigen durften anwesend sein. Bis auf für die SED-Politik wichtige Prozesse mit Schau-Charakter wurde die Bevölkerung der DDR nur über die Zeitungen mit entsprechenden politischen Kommentaren von den Verurteilungen unterrichtet, wenn natürlich nicht von allen. Von der Gründung der DDR bis zur Abschaffung der Todesstrafe im Dezember 1987 wurden ca. 260 *Todesurteile* von DDR-Gerichten bekannt, wovon ca. 180 auch vollstreckt wurden; weitere 43 Todesurteile fällten die Sowjetischen Militärtribunale in den 50er Jahren.

Menschenraub

Das nebenstehende Urteil besiegelte das Schicksal des Abteilungsleiters des „Untersuchungsausschusses freiheitlicher Juristen", Dr. Erwin Neumann, der 1958 aus West-Berlin entführt worden war und bis zu seinem Tod 1967 als „Nummern-Häftling" 410 K geführt wurde. Neumann war einer von 700 Deutschen, die zwischen 1949 und 1964 aus West-Berlin und Westdeutschland in die Sowjetische Besatzungszone bzw. in die DDR entführt wurden.

Aktenzeichen: Vollstreckbare Ausfertigung

I BS 183/59

I 194/59

IM NAMEN DES VOLKES!

Strafsache

gegen

den Hauptagenten Erwin Neumann,
geboren am 24.2.1912 in Groß-Ammensleben,
zuletzt wohnhaft in Berlin-Zehlendorf-West,
Hermannstraße 19,

in dieser Sache in Untersuchungshaft seit

dem 21.8.1958,

wegen Verbrechens gegen §§ 14, 24 Abs. 1 und 2 StEG

- - - - - - - - - - - - -

Der 1. Strafsenat des Bezirksgerichtes Frankfurt/Oder hat in seiner Sitzung vom 12. und 14. November 1959 für Recht erkannt:

Der Angeklagte ~~ist~~ wird wegen Spionage im schweren Falle (§§ 14, 24 Abs. 1 und 2 StEG) zu

lebenslangem Zuchthaus

verurteilt.

Die Kosten des Verfahrens hat der Angeklagte zu tragen.

Deutsche Demokratische Republik · Bezirksgericht Frankfurt (Oder) ·

Das Urteil ist rechtskräftig und vollstreckbar seit dem 14.11.59.

Frankfurt (Oder), den 14.11.59

~~Hauptsachbearbeiter~~ Jugler, Vorsitzender

100128 Ablage Ref. Dokumentenaufbew.

REGIERUNG DER DEUTSCHEN DEMOKRATISCHEN REPUBLIK
Staatssekretariat für Staatssicherheit
- Der Staatssekretär -

Berlin, den 5.8.1955 4647/55
Streng vertraulich!

B e f e h l Nr. 224/55

Am 4.8.1955 standen die ehemaligen Mitarbeiter des Staatssekretariats für Staatssicherheit

K R Ü G E R, Bruno und

K R Ü G E R, Susanne

vor dem Obersten Gericht der Deutschen Demokratischen Republik wegen gemeinsten Verrat, den sie gegenüber den Genossen und Mitarbeitern unserer Organe, gegenüber der Partei der Arbeiterklasse und der werktätigen Bevölkerung der Deutschen Demokratischen Republik begangen haben.

Beide flüchteten Ende August bzw. Ende September 1953 aus dem Gebiet der Deutschen Demokratischen Republik und gingen unter Bruch ihrer Verpflichtung in das Lager der Feinde der Deutschen Demokratischen Republik, der westlichen imperialistischen Geheimdienste und ihrer westdeutschen Handlanger über.

Ihr Verrat war so umfangreich und hemmungslos, wie ihn nur verkommene Subjekte aus niedrigsten, selbstsüchtigen Motiven verüben können, die sich damit selbst aus der Arbeiterklasse ausstoßen und zu gemeinsten Handlangern der Feinde der Arbeiterklasse und ihres Arbeiter- und Bauernstaates werden.

Nicht genug, daß sie alles verrieten, was ihnen während ihrer Tätigkeit in der Bezirksverwaltung Schwerin zur Kenntnis gelangte, boten sie sich außerdem den imperialistischen Geheimdiensten an zur Mitarbeit gegen die Deutsche Demokratische Republik, gegen das Staatssekretariat für Staatssicherheit und unsere Partei und Arbeiterklasse.

Im Auftrage dieser imperialistischen Geheimdienste haben sie auf raffinierteste Art versucht, Mitarbeiter des Staatssekretariats für Staatssicherheit nach Westberlin zu locken und skrupellos den imperialistischen Geheimdiensten auszuliefern.

Diese verbrecherischen Vorhaben des KRÜGER, Bruno und der KRÜGER, Susanne, waren nur deshalb ohne Erfolg, weil die Mitarbeiter des Staatssekretariats für Staatssicherheut treu und unerschütterlich zu ihrer Partei und Arbeiterklasse stehen und ehrlich und gewissenhaft ihren von der Partei erteilten Auftrag im Staatssekretariat für Staatssicherheit erfüllen.

Beide Verräter wurden von Mitarbeitern ergriffen und dem Gericht zur Aburteilung übergeben.

„Von Mitarbeitern ergriffen"

wird in diesem Dokument die Entführung eines Ehepaares aus West-Berlin ein Jahr nach seiner Flucht umschrieben. Der 31jährige frühere Vernehmungsoffizier in der MfS-Bezirksverwaltung Schwerin und seine 29jährige Frau starben in Dresden unter dem Fallbeil. Sie starben in der zuvorigen Nazi-Hinrichtungsstätte am Münchner Platz, die – nachdem die Hinrichtungen der DDR-Justiz 1957 nach Leipzig verlegt worden waren – zur Antifaschistischen Gedenkstätte umgewandelt wurde. Der an diesem Todesurteil beteiligt gewesene Richter am Obersten Gericht der DDR, Hans Reinwarth, wurde im Juni 1994 in Berlin in diesem Fall freigesprochen, aber wegen Rechtsbeugung, Totschlags und versuchten Totschlags zu 3 Jahren und 9 Monaten Haft verurteilt. Er kam anschließend auf freien Fuß.

Das Urteil des Obersten Gerichts der Deutschen Demokratischen Republik lautete für die Verräter KRÜGER, Bruno und KRÜGER, Susanne auf Todesstrafe.

Die unseren Organen gestellten Aufgaben erfordern einen Mitarbeiterstab, der in jeder Situation treu und ehrlich zu unserer Partei und Regierung stehen muß.

Das ist auch Sinn und Inhalt der Verpflichtung, die jeder Mitarbeiter und jede Mitarbeiterin vor Einstellung in das Staatssekretariat für Staatssicherheit freiwillig übernommen und durch Unterschrift bekräftigt hat.

Wer diese Verpflichtung bricht, hat dafür die strengste Strafe verdient, da Verrat unserer Partei und Regierung und den Zielen der Arbeiterklasse unermeßlichen Schaden zufügt.

an
Jeden Verräter unserer gerechten Sache ereilt sein verdientes Schicksal. Er wird genau wie die beiden KRÜGER ergriffen, auch wenn er sich in einem noch so sicheren Versteck zu befinden glaubt und entgeht in keinem Fall seiner gerechten Strafe, denn die Macht der Arbeiterklasse reicht über alle Grenzen hinaus.

Den Mitarbeitern, die mutig und entschlossen bei der Ergreifung und Entlarvung der beiden Verräter, KRÜGER, Bruno und KRÜGER, Susanne, mitgewirkt haben, spreche ich nochmals meinen Dank und meine Anerkennung aus.

Um allen Mitarbeitern das Schändliche dieses Verrates vor Augen zu führen,

b e f e h l e i c h !

1. Das Verbrechen der beiden KRÜGER und ihre Bestrafung allen Mitarbeitern zur Kenntnis zu bringen und durch Unterschrift die Kenntnisnahme bestätigen zu lassen.

2. Den Inhalt des Befehls im Anschluß an die Verlesung zum Gegenstand einer eingehenden Belehrung zu machen.

W o l l w e b e r
Staatssekretär

f.d.R.:
Hettwer
(Hettwer)

Die politische Pression mit justitiellen Mitteln 1961 bis 1989

Mit dem Bau der Berliner Mauer brach ein großer Teil des Widerstandes in der Bevölkerung der DDR gegen die Sowjetisierungsmaßnahmen zusammen. Die rigorose Einsperrung der Bevölkerung durch die Sperrmaßnahmen an der Zonengrenze und in Berlin sowie die als Schwäche und Verrat empfundene Hilflosigkeit der westlichen Besatzungsmächte ließ das Aufbegehren allmählich in eine Anpassungsmentalität umschlagen: man richtete sich auf eine lange Zeit mit dem SED-Regime ein. Es gab zunächst noch zahlreiche findige und gefährliche *Fluchtvorhaben* (Fluchttunnel, Überwindung der Grenzgewässer um Berlin), die viele Tote bei Flüchtlingen und auch einige bei Grenzbewachern kosteten, im Fall des Scheiterns aber langjährige Zuchthausstrafen einbrachten. Da unkontrollierte Verbindungen zum Westen durch die nunmehr fast lückenlos möglichen Kontrollen verhindert oder zumindest sehr erschwert wurden, blieb der politische Widerstand in der DDR zunächst sich selbst überlassen. Er wandelte sich weitgehend um in versteckte Opposition.

Das wichtigste für einen großen Teil der DDR-Bevölkerung war offensichtlich das Verbindunghalten mit Angehörigen und Freunden im Westen. Der große Verlust der DDR durch die *Flucht* von 2,6 Mio. Menschen bis zum Mauerbau, machte sich immer stärker bemerkbar. Es fehlten ja nicht nur Arbeitskräfte, sondern große Teile der technischen und wissenschaftlichen Intelligenz. Die „verproletarisierte" Partei mit ihren alles erfassen wollenden Plänen, ihrer Besserwisserei und ihrer Bevormundung förderte nicht gerade Kreativität, Inspiration und Innovation. Parteibuch und Parteitreue ersetzten weitgehend Gehirn und Können. Die Partei- und Staatsfunktionäre ersetzten in den Betrieben den Manager, nicht die Betriebswirtschaftslehre wurde zum Maßstab, sondern der Plan. Bereits damals begannen – trotz aller später herausposaunter Wirtschaftserfolge – die Verschuldung und der wirtschaftliche Verfall der DDR, der Jahrzehnte später zu der Feststellung des letzten Ministerpräsidenten der DDR, Lothar de Maizière, führte, daß die DDR im Frühjahr 1990 auf den Außenmärkten kurz vor der Zahlungsunfähigkeit stand und im Juli/August 1990 nicht mehr hätte die Löhne und Gehälter von Lehrern, Ärzten, Schwestern, den Staatsangestellten usw. bezahlen können. Die Menschen in der DDR sahen „vor Ort", d. h. in den Betrieben und an den Wohnstätten, diese Stagnation: jeder Arbeitsplatz war so gut wie doppelt besetzt, daß man während der Arbeitszeit einkaufen oder „organisieren" gehen konnte. Und nicht zuletzt hieß es „Trümmer schaffen ohne Waffen". Die mit diesem Wirtschaftskurs verbundene *Abgren-*

Die Haftanstalt Berlin-Hohenschönhausen

war eine der gefürchtesten Gewahrsame der sowjetischen Besatzungsmacht (Mai 1945 bis Oktober 1946 als Speziallager Nr. 3, dann bis 1950 Arbeitslager und zentrale Untersuchungshaftanstalt) und anschließend des SED-Staatssicherheitsdienstes (Zentrale Untersuchungshaftanstalt bis 1989). Hier befindet sich auch das bis in die 60er Jahre genutzte „U-Boot", ein unterirdisch gelegener Zellenbau ohne Tageslicht. Der Anstaltskomplex lag bis 1989 in einem Sperrgebiet, in dem nur MfS-Mitarbeiter wohnten.

Die frühere Haftanstalt wird zur zentralen Gedenkstätte der politischen Verfolgung in der SBZ/DDR von 1945 bis 1989 ausgebaut.

zungspolitik zum „nichtsozialistischen Ausland", ja sogar der Versuch, sich wirtschaftlich unabhängig zu machen, ließen viele Menschen in der DDR ihre Isolation immer stärker empfinden. Die Informationen aus dem Westfernsehen und die Berichte der einzigen Personengruppe, die in den Westen reisen durfte, der Rentner, über den inzwischen im anderen Teil Deutschlands erreichten Lebensstandard, ließen nicht nur Reisewünsche aufkommen. Auf allen möglichen Wegen versuchten DDR-Bürger in den Westen zu kommen. Oft halfen ihnen Westdeutsche und West-Berliner auf den *„Transitwegen"*. Mit immer aufwendigeren und umfassenden Kontrollen an den Grenzübergängen und auf den Transitstrecken konnte die DDR die *Fluchthilfe* sehr stark einschränken. Hierbei halfen auch drakonische Strafen: zwischen Dezember 1972 und August 1974 wurden 236 Westdeutsche und West-Berliner wegen *„illegalen Menschenhandels"* oder *„Beihilfe zum ungesetzlichen Grenzübertritt"* verurteilt: alle über 10 Jahre Freiheitsentzug.

Hausordnung

Der nebenstehende Auszug aus der Hausordnung für Untersuchungshaftanstalten zeigt deutlich die systematisch angestrebte Entpersönlichung des Häftlings, um ihn für die Verurteilung und den späteren sozialistischen Strafvollzug gefügig zu machen, zu brechen. Das „Melden" nur mit seiner Nummer sollte (abgesehen von der militaristischen, in jeglichem demokratischen Strafvollzug fehlenden Usance) nicht nur verhindern, daß die Häftlinge voneinander erfuhren, sondern war auch ein Mittel, dem Häftling deutlich zu machen, daß er eben nur eine dem SED-Staatssicherheitsdienst ausgelieferte „Nummer" war. Die gern angewandte „konspirative Festnahme" auf der Straße oder bei einem Scheintermin bei einer Behörde, der Abtransport mit einer schwarzen Brille oder unter einer Decke zu einem dem Inhaftierten unbekannten Ort (er wußte oft monatelang nicht, wo er sich befand) sowie das Unterbinden jeden Kontaktes zu den Angehörigen und zu einem Rechtsanwalt vor dem Abschluß der Ermittlungen stärkte das Gefühl des Verloren- und des Ausgeliefertseins gegenüber dem Vernehmer.

Ordnungs- und Verhaltensregeln für Inhaftierte in den Untersuchungshaftanstalten

(Hausordnung)

2. **Verhaltensregeln**

2.1. **Anrede**

Die Angehörigen der Untersuchungshaftanstalt sowie die Untersuchungsführer sind mit Herr bzw. Frau und Dienstgrad anzusprechen.

Sofern ein Inhaftierter einen Angehörigen der Untersuchungshaftanstalt zu sprechen wünscht, hat er dies durch Betätigung der Signalanlage in den Verwahrräumen anzuzeigen.

Beim Gespräch ist eine aufrechte Haltung einzunehmen. Inhaftierte werden mit der Verwahrraum- und Belegungsnummer angesprochen.

Die Entbietung des Tagesgrußes an Angehörige der Untersuchungshaftanstalt ist zu unterlassen. Eine Meldung durch Inhaftierte erfolgt nur bei Vorkommnissen.

2.2. **Öffnen des Verwahrraumes**

Beim Aufschluß bzw. Betreten des Verwahrraumes durch Angehörige der Untersuchungshaftanstalt haben sich die Inhaftierten von ihren Plätzen zu erheben, ihren Standort in der Nähe des Verwahrraumfensters einzunehmen, ihr Gesicht der Tür zuzuwenden und die Hände locker an die Seite der Oberschenkel zu legen.

Während der Esseneinnahme hat nur der Inhaftierte aufzustehen, der durch den Angehörigen der Untersuchungshaftanstalt angesprochen wird.

Bautzen

ist noch heute ein Synonym für den kommunistischen Terror zwischen 1945 und 1989. Am Stadtrand der alten oberlausitzischen Stadt mit ihren mittelalterlichen Baudenkmälern wurde zu Beginn dieses Jahrhunderts für 1350 Häftlinge die Königlich-Sächsische Landesgefangenenanstalt gebaut, die wegen ihres gelben Klinkerbaus schon damals „gelbes Elend" genannt wurde. Bis zum Ende des zweiten Weltkrieges wurde die Anstalt als Gefängnis und Zuchthaus geführt, in der auch politische Häftlinge der Nazis einsaßen. Prominentester Häftling 1943/44 war der zehn Jahre zuvor verhaftete Führer der deutschen Kommunisten, der von hier zum Erschießen nach Buchenwald gebracht wurde: obwohl Ernst Thälmann nie Insasse Buchenwalds war, wurde dort zu DDR-Zeiten für ihn eine Gedenkstätte eingerichtet. In Bautzen war dies nicht möglich (nur seine Zelle 11/12 wurde von Häftlingen freigehalten), weil die sowjetische Besatzungsmacht bereits im Mai 1945 dort das Speziallager Nr. 4 einrichtete und fast ständig 8000 verurteilte und internierte Häftlinge einsperrte. 30 000 Menschen hatten das Lager durchlaufen, etliche tausend von ihnen waren verstorben, als die Volkspolizei am 15. Februar 1950 die Anstalt mit rund 5400 Verurteilten übernahm. Das Schrekkensregiment der Volkspolizei begann. Als „Strafvollzugseinrichtung Bautzen I" („Bautzen II" war eine kleinere, in der Innenstadt gelegene Haftanstalt mit besonderen Häftlingen des SED-Staatssicherheitsdienstes) diente das „gelbe Elend" bis zum Zusammenbruch der DDR als Haftanstalt auch für politische Häftlinge.

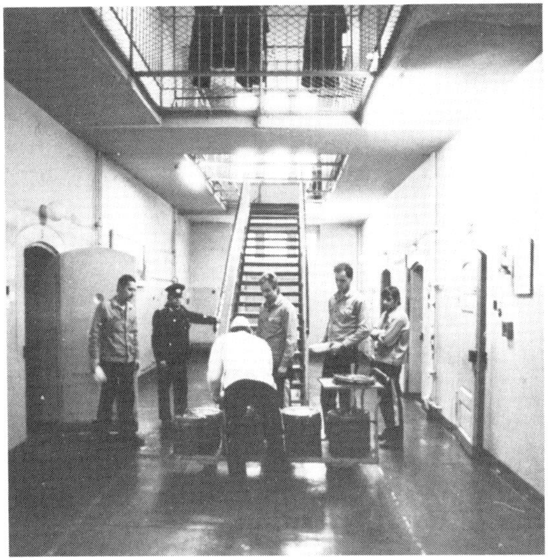

Unsere Fotos stammen aus der letzten DDR-Zeit und zeigen Bautzen I von innen. Vor allem die DDR-Erfindung der „Freiluft-Zellen“ für wenige Häftlinge zeigt, wie weit die DDR von einem humanen Strafvollzug entfernt war. In den MfS-Haftanstalten gab es noch kleinere Freiluftkäfige für nur einen Häftling, in denen er etwa eine halbe Stunde pro Tag (wenn's erlaubt wurde) Luft schnappen und allenfalls ein Stückchen Himmel sehen konnte.

Als im Nachbarland Tschechoslowakei der „Prager Frühling“ die Möglichkeit einer offeneren Gesellschaft anzudeuten schien, wurden die Hoffnungen auf eine freiere Lebensform gestärkt und mit dem Einmarsch der Warschauer-Pakt-Staaten im August 1968 doppelt enttäuscht. Viele Gruppen in der DDR machten ihrer Enttäuschung Luft. Zum Erschrecken der SED-Führung befanden sich unter den Oppositionellen auch viele *Studenten* und auch Kinder bekannter SED-Funktionäre, die mit diktatureigenen Mitteln vom falschen Weg „überzeugt“ wurden. Prozesse gegen solche und andere Gruppen verstärkten jedoch in vielen selbständig denkenden Kreisen, vor allem bei jungen Menschen, die Überzeugung, daß man unter möglichst geringer Gefährdung der eigenen Person Opposition betreiben müsse. Hier liegen die Wurzeln jener Opposition, die Ende der achtziger Jahre zum Tragen kam.

Nachdem in den Schulen der *Wehrunterricht* eingeführt worden war, begann 1981 die breite *Militarisierung der DDR-Gesellschaft.* Lehrgänge für Zivilverteidigung wurden für alle Bürger vom 18. bis 65. Lebensjahr zur Pflicht; die 6. und 7. Klassen der Schulen übten in Manövern und für die 11. Klassen der „Erweiterten Oberschulen“ (EOS) wurde die vormilitärische und Sanitätsausbildung obligatorisch. Ohne Ableistung des Wehrdienstes war an ein Studium sowieso nicht zu denken. Eltern, die sich gegen den Wehrunterricht aussprachen, unterlagen politischen Repressalien. Der Diakon Uwe Reimann z. B., der sich mit Flugblättern dagegen gewandt hatte, erhielt dafür 2 Jahre und 9 Monate Freiheitsstrafe.

Die politische Unterdrückung mit justitiellen Mitteln wurde erneut deutlich, als die restriktive Kulturpolitik der SED (siehe Tafeln **Sieghard Pohl** und **Siegmar Faust**) 1976 mit der *Ausbürgerung* des Ostberliner Liedersängers Biermann (der zuvor 12 Jahre lang nicht öffentlich auftreten durfte ...) einen Höhepunkt erreichte. Bei diesem Anlaß wurde die Opposition unter den *„Kulturschaffenden“,* aber auch die Systemtreue vieler Künstler und Kulturfunktionäre deutlich.

Zustände in Cottbus

Auf den folgenden Seiten wird ein MfS-Dokument abgedruckt, das sich mit einer Pressekonferenz befaßt, die in West-Berlin stattfand. Ehemalige Häftlinge berichteten dort über die Haftumstände in der „Strafvollzugseinrichtung“ Cottbus, insbesondere im sogenannten Karzer. Wie intern zugegeben wurde, waren die Haftumstände stark verbesserungswürdig. Es wurde wenigstens teilweise Abhilfe geschaffen. Dieses Beispiel zeigt den Einfluß westlicher Proteste, die leider während der Regierungszeit der sozial-liberalen Koalition in den 70er und 80er Jahren aus politischer Rücksichtnahme auf den Grundlagen-Vertragspartner nicht gern gesehen und nicht offiziell vorgetragen wurden.

Berlin, den 24. o9. 1976

I n f o r m a t i o n

über Veröffentlichungen in der Presse der BRD bzw. Westberlins im Zusammenhang mit der Pressekonferenz der "Arbeitsgemeinschaft 13. August" am 21. o9. 1976 über den Strafvollzug der DDR

Am 22. o9. 1976 veröffentlichte die "Bild-Zeitung" den Artikel

"Was der Schriftsteller und System-Kritiker
Siegmar Faust in der "DDR" an Grausamkeiten erlebte".

Bezugspunkt der Veröffentlichungen war die am 21. o9. 1976 durch die "Arbeitsgemeinschaft 13. August" in Westberlin durchgeführte Pressekonferenz über das "Haftwesen und die Justiz der DDR".

Der berüchtigte "Dr. Rainer Hildebrandt, Leiter der Arbeitsgemeinschaft 13. August" präsentierte den geladenen Pressevertretern den erst am o1. o9. 1976 nach Westberlin übergesiedelten

F a u s t , Siegmar
geboren am 12. 12. 1944 in Dohna
Delikt: staatsfeindliche Hetze
entlassen am 22. o3. 1976 aus der Strafvollzugseinrichtung Cottbus

und als Staffage die ehemaligen Strafgefangenen

[redacted], [redacted]
geboren am [redacted] in Arnstadt
Delikt: ungesetzlicher Grenzübertritt
entlassen am [redacted] aus der Strafvollzugseinrichtung Cottbus

[redacted] , [redacted]
geboren am [redacted]
Delikt: staatsfeindlicher Menschenhandel
entlassen am [redacted] aus der Strafvollzugs-
einrichtung Brandenburg

und

[redacted] [redacted]
geboren am [redacted]
Delikt: ungesetzlicher Grenzübertritt
entlassen am [redacted] aus der Strafvollzugs-
einrichtung Hoheneck

zur Darlegung ihrer im Strafvollzug der DDR gesammelten Erfahrungen und Erlebnisse.

F a u s t führte auf der genannten Pressekonferenz u.a. folgendes aus:

"Daß ich westwärts übersiedeln wollte, verargten mir meine besten Freunde (gemeint sind Havemann, Biermann u.a.) in der DDR. Sie hatten mir geholfen und nun verließ ich die "Demokratische Bewegung". Aber ich sah für mich zu geringe berufliche Wirkungsmöglichkeiten. Ich benötige Ruhe und einen neuen Anfang. Vielleicht werde ich es einmal bereuen."

In seinen weiteren Darlegungen wärmte er die in dem aus der Strafvollzugseinrichtung Cottbus geschmuggelten Brief an Havemann aufgestellten Behauptungen auf, in dem er die Verhältnisse in den Strafvollzugseinrichtungen der DDR mit denen in Chile unter Pinochet vergleicht.

Zu diesen Darlegungen des F a u s t ist einzuschätzen, daß tatsächlich der bauliche Zustand in einigen Strafvollzugseinrichtungen, darunter in der StVE Cottbus (erbaut im Jahre 186o) unter den Bedingungen einer permanenten, gegenwärtig jedoch nachlassend

Überbelegung geeignet ist, um dem Feind und damit auch Faust mit seiner durch und durch feindlichen Einstellung gegen die DDR Ansatzpunkte für die beabsichtigte Diffamierung und Herabsetzung des internationalen Ansehens der DDR zu bieten.

F a u s t selbst war vom 28. 11. 1974 bis zum 22. o3. 1976 in der StVE Cottbus inhaftiert.

Bis zum 26. o3. 1975 erfolgte sein Einsatz zur gesellschaftlich nützlichen Arbeit.

Da sich F a u s t hartnäckig jeglichen Vollzugsmaßnahmen widersetzte, mußten gegen ihn mehrfach Disziplinarmaßnahmen ausgesprochen werden.
So erhielt F a u s t u.a. 21 Tage strengen Einzelarrest, da er das Mobiliar im Verwahrraum vorsätzlich zerschlug und Strafvollzugs-Angehörige permanent provozierte. Die durchgeführten Disziplinarmaßnahmen erzielten bei F a u s t keine erzieherische Wirkung.
Um seinem feindlichen Einfluß auf andere Strafgefangene und den von ihm ausgehenden Störungen des Vollzugsprozesses wirksam vorzubeugen, wurde F a u s t auf Weisung des Leiters der Strafvollzugseinrichtung bis zu seiner Entlassung am 22. o3. 1976 ständig isoliert.

Die einschlägigen Rechtsvorschriften lassen eine derartige Maßnahme zu. Vor und während der Arrestdurchführung als auch bei der ständigen Isolierung wird der Gesundheitszustand des betreffenden Strafgefangenen ärztlich überwacht.

Der Arrest in den Formen Einzel- und strenger Einzelarrest sowie die ständige Isolierung werden in der Strafvollzugseinrichtung Cottbus und auch in anderen Strafvollzugseinrichtungen auf einer gesonderten Station im Kellergeschoß eines Verwahrhauses vollzogen.

Der Zustand und die Ausstattung dieser speziellen Verwahrräume einschließlich des Raumes, in dem sich Faust befand, wurden in der Strafvollzugseinrichtung Cottbus im Zusammenhang mit der genannten Presseveröffentlichung überprüft.

Im einzelnen können dazu folgende Aussagen getroffen werden:

Diese im Kellergeschoß befindlichen Verwahrräume sind 4,4o m lang, 2,1o m breit und 2,4o hoch. Zum Schutze der Strafvollzugs-Angehörigen vor Angriffen durch Strafgefangene sind diese durch ein verschließbares Zwischengitter nochmals unterteilt.

Der bauliche Gesamtzustand dieser Räume ist mäßig, die Licht- und Belüftungsverhältnisse liegen an der Grenze des Zumutbaren. Da sich 1,6o m des Raumes unter der Erdoberfläche befinden, ist es zum Teil feucht in diesen Räumen.

Durch die Verwaltung Strafvollzug wurden diese Verhältnisse in der StVE Cottbus überprüft und Maßnahmen zur Veränderung eingeleitet (vgl. Anhang).

Mit der Anwendung des Arrestes sind einschneidende Maßnahmen gegen die betreffenden Strafgefangenen verbunden. Generell wird bei Arrest in den Formen des Einzel- und strengen Einzelarrestes die Normverpflegung für Nichtarbeiter ausgegeben. Der tägliche Verpflegungssatz beträgt 1.7o Mark.

Bei der Anwendung des strengen Einzelarrestes (Höchstdauer 21 Tage legen die einschlägigen Rechtsvorschriften darüberhinaus gehend folgende Einschränkungen fest:

. Entzug der Raucherlaubnis, jeglicher Lektüre einschließlich der Tageszeitungen

. Entzug des Aufenthaltes im Freien, der Normalverpflegung und der persönlichen Verbindung des Strafgefangenen zu seinen Angehörigen (Sprecher und briefliche Verbindung)

. Entzug der Einkaufsberechtigung für Lebens- und Genußmittel für die Dauer von 2 Monaten nach Beendigung des Arrestes.

Die Verpflegung besteht in diesem Fall aus Brot, Malzkaffee oder Tee und an jedem 3. Tag zusätzlich aus einer warmen Mahlzeit

A n h a n g

Durch die Verwaltung Strafvollzug wurden im Rahmen ihrer Kontrollpflicht in den Strafvollzugseinrichtungen Cottbus und Berlin nachstehend genannte Veränderungen eingeleitet:

StVE Cottbus:

Dem Antrag des Leiters der StVE wurde am 28. o6. 1976 stattgegeben, den notwendigen Isolier- und Arrestbereich durch einen eingeschössigen Neubau zu realisieren.

Fertigstellungstermin ist der 3o. o8. 1977.

Ab diesem Zeitpunkt werden die Verwahrräume im Kellergeschoß nicht mehr belegt.

StVE Berlin:

Gegenwärtig wird auf der Grundlage einer bestätigten Baukonzeption ein Verwahrhaus völlig umgebaut. In diesem Verwahrhaus wird die Ausländervollzugsabteilung untergebracht.

Fertigstellungstermin ist der o1. o3. 1977.

Wenn Kunst zum Verbrechen wird

Sieghard Pohl

1925	in Breslau geboren;
1943–1945	nach dem Abitur als Soldat zur Wehrmacht eingezogen;
1945–1951	in einem Schnellkursus zum „Neulehrer“ ausgebildet, unterrichtet er in Zeichnen;
1951–1955	Studium (Kunsterziehung) in Leipzig;
1955–1961	Zeichenlehrer und Kunsterzieher;
1961	erste Inhaftierung wegen „mehrfachen illegalen Aufenthalts im kapitalistischen Ausland“;
1962–1963	freischaffend als Maler und Grafiker tätig, ohne dem Verband der Bildenden Künstler anzugehören, Überwachung durch die Stasi;
1963	zweite Inhaftierung wegen „staatsfeindlicher Hetze“;
1965	Haftentlassung durch Freikauf und Übersiedlung nach Berlin (West), Arbeit als Kunsterzieher, Maler und Grafiker;
1992	Einsicht in die Stasi-Akten;
1994	Tod Sieghard Pohls.

Ausstellungen:
Einzel- und Gemeinschaftsausstellungen in Deutschland, Italien, Frankreich, Großbritannien und in verschiedenen öffentlichen Sammlungen

Als Soldat hatte Sieghard Pohl die Schrekken des Zweiten Weltkrieges und der Nazi-Zeit erlebt. Nach dem Krieg beginnt er als Lehrer, jungen Menschen das Zeichnen zu lehren. Und er malt und zeichnet selbst. Doch seine Kunst entsteht nicht im „Elfenbeinturm“. Er verarbeitet seine Erfahrungen, ergreift Partei. Das konnte in der von der SED mißtrauisch beobachteten Kunstlandschaft der DDR nicht unbemerkt bleiben. So bekommt er erste Schwierigkeiten, als er sich der vormilitärischen Ausbildung der Schüler widersetzt.

1961 wird Pohl zum ersten Mal eingesperrt. „Mehrfacher illegaler Aufenthalt im kapitalistischen Ausland“ ist der Grund. Sein Verbrechen: Er hatte häufiger seine im Westteil Berlins lebenden Eltern besucht und sich bei dieser Gelegenheit im „kapitalistischen Westen“ umgeschaut. So trifft es ihn schwer, als er im Gefängnis vom Bau des „Antifaschistischen Schutzwalls“ durch Berlin erfährt. Die Mauer als Symbol der Unterdrückung wird zu einem immer wiederkehrenden Motiv seiner Bilder.

Und ein zweites Motiv prägt seine Werke: das Eingesperrtsein. Die Erfahrungen der menschenverachtenden Willkür und des Preisgegebenseins in den Gefängnissen der DDR läßt Sieghard Pohl zeit seines Lebens nicht mehr los. Sieghard Pohl ist ein Künstler, der sich weder den kitschigen Formen noch den verlogenen Inhalten des Sozialistischen Realismus unterwirft. Sein Haftaufenthalt hat seinen kritischen Blick auf die politischen Wirklichkeit der DDR noch geschärft.

Pohls Verhältnis zur herrschenden Kulturbürokratie entwickelt sich zum Dauerkonflikt. Seine Bilder werden nicht mehr öffentlich gezeigt, aus Ausstellungen entfernt. Doch er läßt sich nicht mundtot machen. Und so folgt dann, fast unausweichlich, 1963 die zweite Inhaftierung, diesmal wegen „staatsfeindlicher Hetze“. Der Künstler Pohl wird zum „Staatsfeind“, seine Kunst zum „Verbrechen“ erklärt.

Nach rund zweijähriger Haftzeit wird Sieghard Pohl 1965 auf dem Wege des Häftlingsfreikaufs in die Bundesrepublik Deutschland entlassen. Seitdem wohnt er im Westteil Berlins, arbeitet dort als Kunsterzieher. Und er malt und zeichnet, jetzt frei in der Wahl seiner Themen und Formen.

Als er 1992 Einsicht in die von der Stasi über ihn angelegten Akten nehmen kann, wird die Vergangenheit noch einmal gegenwärtig: der Sumpf aus Verrat und Verfolgung.

Im Jahre 1994 stirbt Sieghard Pohl.

799

1 BS 16/64
IA - 54/64

U r t e i l !

Im Namen des Volkes !

Rechtskräftig seit ......
Leipzig, den 1964
(Sekretär)

In der Strafsache gegen

Sieghard P o h l ,
geboren am 11. 9. 1925 in Breslau,
wohnh. Leipzig W 31, Alfred-Frank-Str. 14,
zur Zeit in U-Haft,

- vertreten durch RA. Dr. Dorn -

wegen Hetze nach § 19 StEG,

hat der 1. Senat des Bezirksgerichts Leipzig in seinen Sitzungen vom 31. 7., 3. und 6. 8. 1964, an denen teilgenommen haben:

Oberrichter Bachert
als Vorsitzender,

Frau Heinrich, Angestellte,
Herr Rollin, Angestellter
als Schöffen,

Staatsanwalt Frau Panzer
als Vertreter des Bezirksstaatsanwalts,

Justizangestellte Lippmann
als Protokollführer,

für R e c h t erkannt:

Der Angeklagte Pohl wird wegen fortgesetzter staatsgefährdender Propaganda und Hetze nach § 19 Abs. 1 Ziff. 1 und Abs. 2 StEG zu

2 - zwei - Jahren Gefängnis

verurteilt.

Die bei dem Angeklagten sichergestellten [redacted]

Die Untersuchungshaft wird dem Angeklagten seit dem 21. 12. 1963 auf die erkannte Strafe angerechnet.

Er hat die Auslagen des Verfahrens zu tragen.

Sieghard Pohl zeichnet nach seiner ersten Haft Bilder über seine Erlebnisse und zeigt sie privat im Freundes- und Bekanntenkreis. Die DDR sieht darin „fortgesetzte staatsgefährdende Propaganda", beschlagnahmt zehn Bleistiftzeichnungen und drei Temperabilder und verurteilt ihn zu zwei Jahren Gefängnis. Die in der Ausstellung gezeigten Linolschnitte wurden nach seinem Freikauf durch die Bundesregierung im Westen veröffentlicht.

„Er pflückt die Blume“ Blatt 9
(zu Wolfgang Borchert „Die Hundeblume“), Linolschnitt, 1963

„Mit sich und der Hundeblume allein“ Blatt 10 (zu Wolfgang Bochert „Die Hundeblume“), Linolschnitt, 1963

Kirchliche Betreuung in der Haft

Während die Häftlinge der sowjetischen Speziallager bis auf ganz wenige Gottesdienste für ganz wenige Häftlinge in den letzten Monaten des Jahres 1949 keinen kirchlichen Beistand von draußen bekommen durften, stand die gerade gegründete DDR 1950 vor dem Problem der Häftlingsseelsorge. Die Volkspolizei (und nicht die Justizverwaltung, um noch einmal daran zu erinnern) verwaltete ja nun die Haftanstalten. Das in Artikel 46 der DDR-Verfassung festgelegte Recht des Häftlings auf religiöse Betreuung wollte man einerseits nicht schon wenige Monate später abschaffen, andererseits wollte man aber auch nicht die damals noch gesamtdeutsche Kirche bzw. die Landeskirchen mit dieser Aufgabe betrauen. Jeder Geistliche wäre sofort mit den unhaltbaren Zuständen in den Haftanstalten konfrontiert worden und hätte dies seinen Vorgesetzten berichtet. Außerdem bestand schon das pathologische Sicherheitsdenken: Pfarrer könnten Nachrichten nach draußen bringen. Die Hauptverwaltung Deutsche Volkspolizei stellte deshalb ohne Rücksprache mit den Kirchen einen hauptamtlichen Geistlichen ein, einen religiösen Sozialisten, der zum Oberrat der Volkspolizei gemacht wurde: Pastor Hans-Joachim Mund (SED) sollte sich um die Seelsorge kümmern. Zwei weitere Pfarrer und Volkspolizisten – Heinz Bluhm und Eckart Giebeler – sollten ihn unterstützen, die Seelsorge in den zahlreichen, über die ganze DDR verstreuten Haftanstalten zu übernehmen. Eine schiere Unmöglichkeit. Aber Versuche der Landeskirchen, bei dieser wichtigen Aufgabe zu helfen, wurden abgelehnt.
Für Mund, der 1959 nach Westdeutschland flüchtete, und den später dienstunfähig erkrankenden Bluhm gab es keine Nachfolger. Das war die Stunde von Pfarrer Eckart Giebeler, der auf der Grundlage der „Dienstordnung für die Tätigkeit von Geistlichen in den Strafvollzugsanstalten der DDR“ (vom 3. Juli 1953) nun allein mit einigen nebenamtlichen Pfarrern alle Haftanstalten seelsorgerlich betreute. Das war aber auch die Stunde des Staatssicherheitsdienstes, der Giebeler unter dem Decknamen „Roland“ als IM, sprich Spitzel, anwarb. Die nebenstehende Urkunde über die Verleihung der Medaille für treue Dienste in der Nationalen Volksarmee in Gold als Dank für „ehrliche, gewissenhafte und treue Pflichterfüllung im Ministerium für Staatssicherheit“ beweist, daß dieser Spitzel im Talar gute Dienste geleistet hat. Es gab sogar im Westen einige Hinweise von entlassenen Häftlingen auf diese Nebentätigkeit des Pfarrers. So hatte wohl mal einer gehört, wie der Herr Pfarrer von einem VP-Bediensteten mit „Genosse Hauptmann“ angesprochen wurde. Die Kirchenleitung erfuhr davon, es geschah aber nichts. Angeblich soll der mit ihm befreundete Bischof Albrecht Schönherr seine Hand über ihn gehalten haben. Wie dem auch sei: Giebeler gab seine treuen Dienste für den SED-Staatssicherheitsdienst erst nach der Wende auf und zog dann nach Westdeutschland.

URKUNDE

Im Namen des Ministerrates

der

DEUTSCHEN DEMOKRATISCHEN REPUBLIK

wird

Herr Pfarrer

G i e b e l e r , Eckart

die

„Medaille für treue Dienste in der Nationalen Volksarmee"

in Gold

als Zeichen der Anerkennung

für ehrliche, gewissenhafte und treue Pflichterfüllung

im Ministerium für Staatssicherheit

verliehen

Berlin, den 8. Febr. 1976

Mielke

Minister für Staatssicherheit

Die Geschichte des anderen Faust

Siegmar Faust

1944	geboren in Dohna/Sachsen, aufgewachsen in Heidenau bei Dresden;
1951–1959	Grundschulbesuch in Heidenau;
1959–1964	Besuch der Kinder- und Jugendsportschule Dresden, Abitur;
1965–1966	Studium am Leipziger Institut für Kunsterziehung und Geschichte;
1966–1967	wegen politischer Unbotmäßigkeit für ein Jahr zur „Bewährung in der Produktion";
1967–1968	Studium am Leipziger Institut für Literatur „Johannes R. Becher";
1968	Exmatrikulation aus politischen Gründen;
1968–1971	Aushilfsarbeiten, u.a. als Motorbootfahrer bei den Städtischen Bädern Leipzig;
1971	erste Haft;
1974	Verurteilung zu 4 1/2 Jahren Freiheitsentzug;
1976	vorzeitige Entlassung und Übersiedlung nach West-Berlin.

Obwohl als geradezu vorbildlicher DDR-Jugendlicher aufgewachsen, kommt Siegmar Faust bereits in den sechziger Jahren von der staatlich vorgezeichneten Lebensbahn ab. Vom Studium am Institut für Kunsterziehung und Geschichte in Leipzig wird er für ein Jahr zur „Bewährung in die Produktion" geschickt, das darauffolgende Studium am Institut für Literatur „Johannes R. Becher" endet abrupt durch politisch begründete Exmatrikulation. Faust schlägt sich als Hilfsarbeiter durchs Leben, bis er im November 1971 für elf Monate zum ersten Mal eingesperrt wird. Nach seiner Entlassung arbeitet er als Transportarbeiter in einer Papierfabrik.
Siegmar Faust ist 30 Jahre alt, als er im Mai 1974 zum zweiten Mal vom Ministerium für Staatssicherheit verhaftet wird. Er wird wegen „Staatsfeindlicher Hetze" zu 4 Jahren und 6 Monaten Haft verurteilt und zur Verbüßung der Strafe in das Gefängnis Cottbus überstellt. Wegen seines „renitenten" Verhaltens, er gibt u.a. die handgeschriebene Häftlingszeitung „Armes Deutschland" heraus, landet Faust für 401 Tage in Kellereinzelhaft. Von dort aus wird er im März 1976 überraschend auf Grund in- und ausländischer Interventionen in die DDR entlassen. Er kommt bei Wolf Biermann unter, der ihn gesundpflegt. Im September 1976 darf Siegmar Faust in die Bundesrepublik Deutschland übersiedeln. Bis zum Jahre 1990 arbeitet Faust als freiberuflicher Autor und Vortragsredner. Dann wird er politischer Berater der DSU-Fraktion in der neu gewählten Volkskammer. Nachdem Siegmar Faust für ein Jahr Referent beim Berliner Landesbeauftragten für die Stasi-Unterlagen war, ist er heute wieder freiberuflich tätig.
Von 1976 an ist Siegmar Faust bis heute in unterschiedlichen Gremien und Verbänden engagiert für die Belange von Menschen, die in der DDR aus politischen Gründen verfolgt und drangsaliert wurden.

Der Sonderbeauftragte der Bundesregierung f~ die personenbezogenen Unterlagen des ehem. MfS Archiv Leipzig
Kopie aus Akte: AV 1323/72 Bd. 1 Seite: 7 Archivmitarbeiter/in: [signature] 7

Das Kreis gericht Leipzig

Aktenzeichen:
(Bei Eingaben stets anführen)

Leipzig, den 28. Nov. 1971
Fernruf

Haftbefehl

Der Faust, Siegmar, geb. 12. 12. 1944 in Dohna
wh. 705 Leipzig, Edlichstr. 32

ist in Untersuchungshaft zu nehmen.

Er wird beschuldigt, die politischen und ideologischen Grundlagen der Arbeiter-und-Bauern-Macht in der DDR und gesellschaftliches Eigentum durch Diebstahl angegriffen zu haben,

indem er 1970 und 1971 von ihm selbst angefertigte Schriftstücke mit einem Inhalt, der die politischen und gesellschaftlichen Verhältnisse in der DDR sowie Repräsentanten der DDR diskriminierte, mit diesem Ziel an einen Verlag in Esslingen (BRD) verschickte und während seiner Tätigkeit von September bis November 1971 als Nachtpförtner in der Deutschen Bücherei verschiedene Bücher und Zeitschriften entwendete.

und

Vergehen/Verbrechen gem. §§ 106, Abs. 1 Ziff. 1 und 3, 158 Abs. 1, 161, 63 Abs. 2 StGB
Er/Sie ist dieser Straftat en dringend verdächtig.
Die Anordnung der Untersuchungshaft ist gemäß § 122 Abs. 1 Ziff. 2 StPO gesetzlich begründet, weil ein Verbrechen den Gegenstand des Verfahrens l[illegible] und mit einer Freiheitsstrafe von mehr als 2 Jahren zu [illegible] ist.

Gegen diesen Haftbefehl ist das Rechtsmittel der Beschwerde zulässig (§ 127 StPO).
Sie ist binnen einer Woche nach Verkündung des Haftbefehls bei dem unterzeichneten Gericht zu Protokoll der Rechtsantragstelle oder schriftlich durch den Betroffenen oder einen Rechtsanwalt einzulegen (§§ 305, 306 StPO).

[signature]
Hempel
Haftrichter

Die DDR scheute das freie Wort und verfolgte Schriftsteller, die – weil sie nicht in der DDR publizieren durften – an westdeutsche Verlage herantraten. Das freie Wort wurde auch in der Deutschen Bücherei in Leipzig unterdrückt. Alle deutschen Verlage übersandten dorthin ein Pflicht-Belegexemplar ihrer Produktionen. Politisch und gesellschaftlich unerwünschte Literatur kam in den „Giftschrank" und wurde nur mit besonderer Erlaubnis ausgeliehen. Faust lieh sich diese Literatur als Nachtpförtner ohne Genehmigung aus.
Ob der Brief an den DDR-Chef Erich Honekker, den der ursprüngliche Stalinist und spätere Systemkritiker Robert Havemann schrieb, der bis zu seinem Tode (1983) vom DDR-Regime mit Berufsverboten, Überwachung, Repressalien und Hausarrest verfolgt wurde, zur vorzeitigen Freilassung Fausts beitrug, ist nicht bekannt.

36

BStU
000080

Abschrift

Robert Havemann

1252 Grünheide/Mark
Burgwallstraße 4
16.3.76

Lieber Kamerad und Genosse Erich Honecker!

Ich wende mich an Dich in Deiner verantwortungsvollen Stellung als Kamerad der antifaschistischen Widerstandsbewegung und als Dein Knast-Kamerad im Zuchthaus Brandenburg-Görden. Ich wende mich an Dich mit der Bitte um Rettung des Schriftstellers Siegmar Faust, der als politischer Gefangener in Cottbus im Gefängnis sitzt. Er ist zu einer Strafe von viereinhalb Jahren verurteilt, von denen er schon über zwei Jahre abgesessen hat. Er ist mit einer lebenslustigen jungen Frau verheiratet und hat ein kleines Töchterchen. Beide sind in tiefes Unglück gestürzt.
Ich glaube nicht, daß seine Verurteilung gerecht war. Er gehört zu denjenigen, die an unseren Zuständen gerade darum scharfe Kritik üben, weil sie leidenschaftliche Streiter für den Sozialismus sind. Ich wende mich an Dich, weil ich fürchte, daß er die schweren Bedingungen seiner Haft womöglich nicht lebend übersteht. Ich habe erfahren, daß sich auch der Bonner Verteter Herr Gauß bereits um seine Freilassung bemüht hat, aber wohl vergebens. Ich bitte Dich, auch im Interesse unseres Staates, dem Siegmar Faust Gerechtigkeit zu gewähren und seine sofortige Freilassung zu veranlassen.
Vor einer Woche sandte Siegmar Faust einen Kassiber an seine Frau, den ich Dir hier mitteilen will :

> Tina! Wenn mich nicht bald etwas rettet, kratze ich ab. Ich möchte mit jedem Polit-Häftling Chiles oder Spaniens tauschen. Terror, Folterungen, Repressalien, Schikanen werden immer schlimmer. Warum läßt sich hier keine UNO-Kommission sehen? Laßt alle Glocken läuten! Ich friere, muß hungern, habe Seh-, Herz-, Kreislauf- und Schlafstörungen und verblöde langsam aber sicher. Habe ja nun schon über 23 Monate Einzelhaft und 63 Tage Folterarrest kennengelernt. Was noch? Wofür? Wenn Ihr mir wenigstens Mut machen könntet!... Informationen von Wolf! Tina, es geht um mein Leben und um unsere Zukunft. Haltet alle zusammen und entreißt mich diesen Meuchelmördern. Euer Faustus

Solch ein Brief macht mich für uns alle traurig. Lieber Kamerad, denke daran, wie schwer es manche von uns hatten, damals in der Nazizeit, und daran, wieviel schwerer es ist, bei den eigenen Freunden und Genossen eingesperrt zu sein.

Mit kameradschaftlichem Gruß

ARMES DEUTSCHLAND

Vom Januar 1975 bis zum März 1976 kursierten im Zuchthaus Cottbus insgesamt 13 handgeschriebene Exemplare der Knast-Zeitung ARMES DEUTSCHLAND.

Für derartige Aktivitäten hätte man mit ca. 5 Jahren „Nachschlag“ rechnen müssen. Der Zusammenhalt unter den überwiegend politischen Gefangenen war in Cottbus jedoch so gut, daß die Stasi-Spitzel nicht eines der 13 Originale weiterleiten konnten, obwohl sie von dieser Zeitung, die schon vom Äußeren her das SED-Zentralorgan „NEUES DEUTSCHLAND“ verhöhnte, wußten und Meldung erstatteten.

Der Verfasser Siegmar Faust wurde deshalb nur wegen „psychologischer Kriegsführung“ für über 400 Tage in eine feuchte, dunkle Kellereinzelzelle gesteckt, wo es ihm durch die Solidarität seiner Haftkameraden dennoch gelang, diese Arbeit fortzusetzen, obwohl Faust im Keller weder Papier noch Stifte haben durfte. Unter risikovollem Einsatz wurden die jeweils vier im Keller in Einzelunterbringung (EB) untergebrachten Häftlinge von ihren Kameraden aus den Arbeitskommandos mit zusätzlichen Nahrungsmitteln und Schreibutensilien versorgt.

Dem Schlosser Peter Pohlenz und dem Schauspieler und Produktionsleiter Gerd Zimmermann gelang es bei ihrer Entlassung, einige Originalaufzeichnungen von Siegmar Faust, mühevoll im Darm versteckt, aus der Strafvollzugseinrichtung Cottbus und später auch aus der DDR in den Westen zu schmuggeln, darunter auch dieses Exemplar des ARMEN DEUTSCHLAND.

Das Original dieses einzigen Beleges einer DDR-Haftzeitung ist im Mauermuseum am Checkpoint Charlie ausgestellt.

Schlaglicht

Ausweiser, vereinigt euch!

ARMES DEUTSCHLAND

ORGAN DER POLITISCHEN GEFANGENEN DER OSTZONE

30. Jahrgang / Nr. 999 — Cottbus, Weihnachtsausgabe 1975 — A-B-C-Ausgabe

Jahresbilanz:

Januar 75: Willy Brandt zu außenpolitischen Fragen: „Eine Normalisierung der Beziehungen zu kommunistischen Staaten hat mit einer weltanschaulichen Annäherung überhaupt nichts zu tun … Möglichkeit, daß … Kommunismus … freiheitliche und kommunistische Anschauungen … nicht miteinander zu vereinbaren sind."

ND vom 14. Juni 75: WAS DER SOZIALISMUS DEM MENSCHEN ZU GEBEN VERMAG … Im Gegensatz zum … Kollektivismus … lebenswerte …

ND vom 7. Juli: ANSCHAULICHE PÄDAGOGIK FÜR DEN ALLTAGSGEBRAUCH. Gehört Neuner zeigt beispielsweise, daß … keine … Entwicklung aller … Er verweist auf den Umstand, daß … Volksverdummung und das Wecken … der Appell an die Vernunft … die edlen Gefühle des Menschen … und daß daher … die Erziehung …"

ND vom 4. Juli: LUIS CORVALAN STRENG ISOLIERT

ND vom 8. Juli: KERKERGENOSSE ZEICHNETE PORTRÄT VON LUIS CORVALAN

ND: 0?.?1.75: „In der internationalen Öffentlichkeit ist die Verleihung des „Friedens"-Nobelpreises an A. Sacharow als eindeutig entspannungsfeindliche Aktion bewertet worden."

JW, 14.11.75: „Die USA haben in der UNO-Vollversammlung einen Resolutionsentwurf zur „Freilassung der politischen Gefangenen" eingebracht."

ND, 14.11.: „Marokko brach diplomatische Beziehungen zur DDR ab"

ND 26.11.: AUSSCHUSS DER UNO BESCHLOSS DEKLARATION GEGEN DIE FOLTER … der Dritte Ausschuß der UNO-Vollversammlung legt dem Text einer Deklaration zugestimmt, in dem die Folter als verschlimmerte Form unmenschlicher u. entwürdigender Behandlung gebrandmarkt wird."

ND 28.11.: „Das Scheitern des von den USA in der UNO eingebrachten Entwurfs einer Resolution „über die Menschenrechte" hat den Rücktritt des USA-Botschafters bei der Weltorganisation Daniel Moynihan ausgelöst, meldet TASS."

Aber uns geht ein Licht auf! … lassen uns … hinters Licht …

aus der SCHLUSSAKTE über Sicherheit u. Zusammenarbeit in Europa:

VII. Achtung der Menschenrechte u. Grundfreiheiten einschließlich der Gedanken-, Gewissens-, Religions- oder Überzeugungsfreiheit

…

X. Erfüllung völkerrechtlicher Verpflichtungen nach Treu u. Glauben

…

JW vom 23.10.75: Nichteinmischung als Grundsatz für die Gestaltung zwischenstaatlicher Beziehungen korrespondiert zugleich mit den anderen Grundnormen des Völkerrechts. Das bedeutet: Ein Staat, der sich der Aggression, des Rassismus, der Negierung der Menschenrechte schuldig macht …

DER HEILIGE ABEND

…

DER EWIGE WARTESAAL (von Th.-…)

Warten, warten
Ewig warten
täglich.
Wir warten auf SIE
auf ES und auf UNS.
Wir warten auf DIE Gelegenheit
auf DAS Glück und auf DEN Moment.
Warten in ständiger Wiederholung:
Warten, warten.
Wir warten auf DAS Leben,
auf Gesuche u. auf den Tod.
Wir warten schon auf das Warten,
den Beginn des Wartens
und auf das Ende allen Wartens.
Warten in vielfacher Variation!
Warten, warten …

WARTEN AUF DIE EXPLOSION

unter Asche u. Schutt tickt etwas
meine Freunde suchen u. versuchen
mein Herz u. meine Seele zu bergen
aber die Verantwortlichen sitzen weitab
vom Schuß in den Bunkern ihrer Freiheit
und zählen und zählen und zählen

Die Opposition

Die Opposition vieler Menschen in der DDR machte sich in den 70er und vor allem nach der Unterzeichnung des Schlußdokumentes der *Konferenz für Sicherheit und Zusammenarbeit in Europa (KSZE)* in den 80er Jahren durch Ausreisewünsche bemerkbar. Nachdem der Versuch von Gruppen, durch gemeinsame Anträge die Übersiedlung in die Bundesrepublik Deutschland zu erreichen, durch den Staatssicherheitsdienst mit Hausdurchsuchungen, Ermittlungsverfahren und Verhaftungen (z. B. 1976 in Riesa) zunichte gemacht wurde, blieb nur die mit allen Schikanen der Behörden verbundene Antragsmöglichkeit für einzelne Familien. Der einzige Weg, in die Bundesrepublik Deutschland ausreisen zu können, war die *Familienzusammenführung.* Natürlich war den DDR-Behörden bekannt, daß viele Antragsteller sehr weitläufige oder nicht von ihnen nachkontrollierbare Verwandtschaftsverhältnisse anführten, um den schwierigen Weg der Ausreise zu gehen. Der Staatssicherheitsdienst entwickelte mit der Verwaltung, der Volkspolizei und der Justiz ein ganzes System von Schikanen, um den Antragsteller ins Leere laufen zu lassen. Da dieser und die erwachsenen Familienmitglieder sofort ihre Arbeit (im „öffentlichen Dienst“) verloren oder minderwertige Arbeit (in der Industrie und im Handel) zugeteilt bekamen, wurden die Arbeitsgerichte angehalten, diese Vorgehensweise für Rechtens zu erklären. Mit verschiedenen Maßnahmen im Wohnbereich und für die Kinder in der Schule wurde den Ausreisebegehrenden ihre Außenseiterstellung deutlich gemacht, um sie zur Aufgabe ihres Planes zu bewegen. Wer dennoch an seinem Vorhaben festhielt und immer neue Anträge oder Beschwerden schrieb oder gar westdeutsche Stellen oder Verwandte einschaltete, wurde wegen „Beeinträchtigung staatlicher Stellen“, „Staatsverleumdung“ oder „Landesverräterischer Nachrichtenübermittlung“ zu Haftstrafen verurteilt. Viele Ausreisewillige nahmen bewußt eine Verurteilung und die damit verbundenen Schwierigkeiten für die Familie in Kauf, in der Hoffnung, nach etwa einem Jahr Haft von der Bundesregierung freigekauft zu werden.

Die Unruhe und die Unzufriedenheit in der Bevölkerung der DDR wurde Ende der 70er, Anfang der 80er Jahre immer größer (siehe Tafel **Alois Kuhn**). Die Erfolge der Arbeiterbewegung „Solidarność“ im Nachbarland Polen und später die vom sowjetischen Parteichef Gorbatschow eingeleitete „Liberalisierung“ des sowjetischen Systems ließen bei vielen Menschen die Hoffnung aufkommen, daß auch in der DDR der politische Druck nachlassen würde.

KANN

Die Angst vor der spitzen Feder

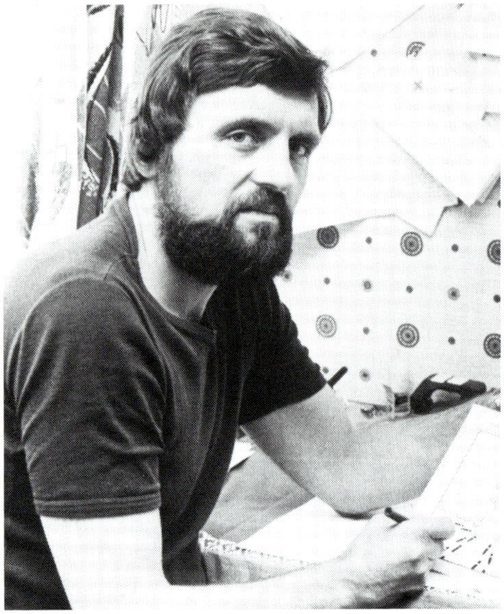

Alois „Ali“ Kuhn

1940	in Krinsdorf, Kreis Trautenau (Riesengebirge) geboren;
1946	Vertreibung der Familie von Haus und Hof, Ansiedlung in Vacha/Rhön;
1954	Lehre als Schlosser im Kalibergbau;
1959–1961	Dienst bei der Nationalen Volksarmee;
1961–1965	Maschinenbaustudium in Schmalkalden;
1965	Arbeit als Maschinenbauingenieur;
seit 1976	freiberuflicher Karikaturist;
1979	Verhaftung im Atelier;
1980	Übersiedlung in die Bundesrepublik Deutschland durch Häftlingsfreikauf;
1980	Arbeit als Karikaturist, Referent und Studienleiter in West-Berlin;
seit 1987	Alois Kuhn lebt als Karikaturist in Oberfranken/Bayern.

Alois Kuhn wird 1940 in Krinsdorf im Riesengebirge geboren. Im Jahre 1942 wird sein Vater als an der Ostfront vermißt gemeldet. Ein Jahr nach Kriegsende verliert die Familie Haus und Hof durch Vertreibung, und ihre Odyssee durch das Nachkriegsdeutschland endet erst in Vacha in der Rhön.
Nach DDR-typischer Kindheit und Jugend mit Schulbesuch, „Erziehung zur Sozialistischen Persönlichkeit“ und Mitgliedschaft in der Pionierorganisation und der kommunistischen „Freien Deutschen Jugend“ absolviert Alois Kuhn eine Lehre als Schlosser.
Den Bau der Mauer durch Berlin im Jahre 1961 erlebt er als Soldat der „Nationalen Volksarmee“. Die mit dem Mauerbau eintretende Verschärfung des Grenzregimes bringt Ali Kuhns Familie die zweite Vertreibung, diesmal aus der 5 km breiten Sperrzone entlang der innerdeutschen Grenze.
Von 1962 bis 1965 studiert er in Schmalkalden Maschinenbau.
Seinen Arbeitsplatz als Ingenieur verliert Alois Kuhn im Jahre 1976, weil er einen Ausreiseantrag gestellt hat. Von da an hält er sich mit dem Verkauf seiner Karikaturen über Wasser. Auch familiär bringt ihm der Antrag Probleme: Seine Ehefrau weigert sich, mit ihm in die Bundesrepublik zu gehen. Es kommt zur Scheidung. Ali Kuhn nutzt das Schaufenster seiner Ladenwohnung als Auslage für seine Karikaturen. Gerade die politischen Zeichnungen werden gern von Passanten gekauft. Alis bescheidener Lebensstil läßt sich mit diesen Einnahmen finanzieren. Das Freibier in der Stammkneipe leistet ein übriges.
Doch ist der Konflikt mit der Staatsmacht absehbar. Alois Kuhn wird zum Rat der Stadt Erfurt zitiert, wo ihm fünf Herren ein Ausstellungs- und Verkaufsverbot verkünden. Doch er hält sich nur acht Tage daran. Am neunten Tag legt er, um die dauernden Nachfragen seiner Stammkundschaft zu befriedigen, einen Zettel mit der Mitteilung in sein Schaufenster, daß er auf Grund einer Auflage des Rates der Stadt ab sofort nichts mehr ausstellen oder verkaufen dürfe. Dazu legt er einen zerbrochenen Federhalter und ein umgekipptes Tuscheglas. Wenig später wird der Zettel von zwei Stasi-Mitarbeiterinnen beschlagnahmt.
Am frühen Morgen des nächsten Tages, es ist der 9. August 1979, wird Alois Kuhn in seinem Atelier verhaftet.
41 beschlagnahmte Zeichnungen bilden die Grundlage der Anklage. Sie werden als „Öffentliche Herabwürdigung der staatli-

chen Ordnung“ nach § 220 des Strafgesetzbuches der DDR bewertet. Das Gericht verurteilt Ali Kuhn in geheimer Sitzung zu einer eineinhalbjährigen Gefängnisstrafe. Nach der Untersuchungshaft im Stasi-Gefängnis Erfurt wird er nach Cottbus verlegt. Im Jahre 1980 gelangt er von dort aus auf dem Wege des Freikaufs in die Bundesrepublik Deutschland. Bis 1987 lebt er in West-Berlin und arbeitet, nun endlich unbehelligt, als freischaffender Karikaturist. Doch auch seine politischen Erfahrungen liegen nicht brach. In Seminaren und Vorträgen berichtet er über seine Erlebnisse mit dem SED-Staat.
Seit 1987 lebt Alois „Ali“ Kuhn in Oberfranken.

Ali Kuhns Ladenwohnung in Erfurt, in deren Schaufenster er Zeichnungen und Protest-Informationen auslegte und damit die staatliche Ordnung „öffentlich herabwürdigte“. Diese „Herabwürdigung“ durch einen Karikaturisten war dem ersten Arbeiter-und-Bauern-Staat auf deutschem Boden eine eineinhalbjährige Freiheitsstrafe wert.

DEUTSCHLAND - WOLLTE ER SCHREIBEN!
OLIZEISTAAT
BRD
PENG PENG
OLAF WAR DA
Ali auch!!!
ICH LIEBE
D

KRITIK

»CRITICISM«

Mit seinen Arbeiten reizte der Karikaturist Kuhn immer wieder die Genossen, obwohl die Zeichnungen in der DDR nicht gedruckt wurden und somit keinem großen Kreis zur Kenntnis kamen. Die Karikaturen entsprachen aber nicht den Anforderungen des Unrechtsstaates DDR: „Die Praxis progressiv-demokratischen und sozialistischen Karikierens ist stets mit einem intensiven Eindringen in die objektiven gesellschaftlichen Voraussetzungen des Gegenstandes verbunden, da die karikaturistische Gestaltung jedesmal zugleich gesellschaftliche, mithin politische Wertung ist. Im politischen Kampf kann der fortschrittlichen Karikatur eine starke entlarvende und mobilisierende Kraft innewohnen, indem sie das Anachronistische, Volksfeindliche ins Bild setzt und zugleich das Gefühl der geschichtlichen Überlegenheit der progressiven Kräfte vermittelt.“ Offensichtlich hatte Kuhn das Partei-Chinesisch aus dem „Kulturpolitischen Wörterbuch“ der Genossen falsch verstanden.

„WISST IHR EIGENTLICH – WARUM IHR NICHT RAUSDÜRFT – IHR SOLLT NICHT MERKEN – DASS DIE ERDE DOCH 'NE SCHEIBE IST!"

Der Staatsicherheitsdienst hatte aber bereits auf seine Weise reagiert und seinen Spitzelapparat zu nie gekannter Größe ausgebaut. Durchschnittlich kam auf 120 Einwohner der DDR ein Spitzel (IM). Der Apparat der hauptamtlichen Mitarbeiter stieg auf etwa 91000 Personen! Die DDR-Regierung glaubte, mit Eingriffen in den Reiseverkehr (Abschaffung des „kleinen Grenzverkehrs" mit Polen und der Tschechoslowakei) und mit Verboten von sowjetischen Presse-Übersetzungen den Bazillus des Aufbegehrens gegen die verkrusteten stalinistischen Regime aus der DDR heraushalten und andererseits durch Lockerung der Reisebestimmungen nach Westdeutschland „in dringenden Familienangelegenheiten" (ab 1983/84) den Unmut in der Bevölkerung abbauen zu können. Außerdem gingen Staatssicherheitsdienst und Volkspolizei sowie alle möglichen DDR-Getreuen geringsten „Abweichungen" nach: Jugendlichen, die das Abzeichen *„Schwerter zu Pflugscharen"* trugen, wurden die Aufnäher von den Jakken getrennt. Gewaltsame Aktionen mußten auch jene über sich ergehen lassen, die als Zeichen ihres Ausreisewillens an der Autoantenne ein weißes Bändchen führten oder vor Kirchen und auf öffentlichen Plätzen völlig passiv Kerzen in den Händen trugen.

Andersseinwollende Jugendliche, wie z. B. *Punker* (siehe Tafel **Angela Kowalczyk**) oder *Skinheads* wurden stets als Staatsfeinde angesehen, was immer wieder zu Konfrontationen mit der SED-Macht führte: 1965 kam es zum sogenannten *„Leipziger Beataufstand"*, der zu Verhaftungen Jugendlicher führte; *Rockmusik*-Gruppen wurden verboten (so 1974 die „Renft-Combo"), am 7. Oktober 1977 kam es zu schweren Auseinandersetzungen zwischen der Volkspolizei und Rockmusik-Gruppen in Berlin, und die von der Kirche gestatteten *Berliner Blues-Messen* waren stets unter Kontrolle des Staatssicherheitsdienstes. Zwischen November 1987 und Juli 1988 wurden Skinheads in neun Prozessen verurteilt.

Die „Mitdemonstration" von Bürgerrechtlern im Januar 1988 zu den Kranzniederlegungen am Berliner Friedhof der Sozialisten mit Transparenten, die das Wort der Kommunistin Rosa Luxemburg trugen „Freiheit ist immer die Freiheit der Andersdenkenden" wurden ebenso administrativ abgewehrt bzw. bekämpft wie die Beweise und Klagen von Oppositionellen über *Fälschungen bei den Kommunalwahlen* im Mai 1989. Der Staatssicherheitsdienst bekämpfte mit seinen Mitteln auch „staatsfeindliche" Gruppierungen, wie die *„Initiative Frieden und Menschenrechte"*, *„Kirche von unten"* oder die *Berliner Umweltbibliothek, Mahnwachen* an Kirchen oder *Fürbitte-Gottesdienste* für Verhaftete. Hierbei kam es ebenfalls zu Verhaftungen, die auch nach den Gesetzen der DDR nicht zu rechtfertigen waren.

Diese relativ kleinen Verhaftungs- und Einschüchterungsaktionen fanden ihre Fort-

„OB ER VIELLEICHT VERHALTENSGESTÖRT IST?"

setzung in den Maßnahmen von Staatssicherheitsdienst und Volkspolizei bei den Demonstrationen 1989 in Leipzig, Berlin und Dresden, als „Zuführungspunkte" geschaffen wurden, in denen die zu Hunderten Inhaftierten unter schikanösen Umständen festgehalten und vielfach mißhandelt wurden. Beschwerden und Anzeigen wurden von der Polizei und der Justiz natürlich nicht verfolgt.

Nach dem Zusammenbruch des kommunistischen Regimes öffneten sich die Partei- und Staatssicherheitsdienst-Archive. Sie bestätigten das Ausmaß der politischen Verfolgung in der DDR. Aber sie konnten nicht das Ausmaß des Unglücks beschreiben, das Hunderttausenden von Menschen aus ideologischer Verblendung von einer kommunistischen Kaste zugefügt worden war.

...und plötzlich war ich Staatsfeind

Angela Kowalczyk

1965	in Berlin geboren;
1981	nach Besuch einer Polytechnischen Oberschule in Berlin-Treptow Lehre als Fachverkäuferin für Autoersatzteile/-zubehör;
1982	Inhaftierung durch das Ministerium für Staatssicherheit;
1982	nach Verurteilung zu 2 Jahren und 2 Monaten Gefängnis, ausgesetzt auf 2 Jahre Bewährung, Entlassung aus der Haft;
1983	Lehrabschluß;
1984	Kündigung als Verkäuferin beim VEB IFA-Vertrieb;
1984–1992	verschiedene Arbeitsstellen als Verkäuferin; anschließend arbeitslos.

Angela Kowalczyk berichtet:
„Ich führte schon als Kind ein zurückgezogenes Leben. Da ich sehr ängstlich war, wurde ich von den Mitschülern oft geärgert. So beschäftigte ich mich oft stundenlang allein in meinem Zimmer.
Auf einer Silvesterfete 1980 hörte ich zum ersten Mal Punk-Musik. Ohne etwas über die Hintergründe zu wissen, war ich sofort hin und weg. Mich packte ein Feuer, gegen das ich mich nicht zur Wehr setzen konnte. Es ist mir noch heute ein Rätsel, aber daraufhin änderte sich meine ganze Persönlichkeit. Ich versuchte, Leute aus der Ost-Berliner Punk-Szene kennenzulernen.

Mehr und mehr veränderte ich mein Outfit, ein vorher nie gekanntes Selbstvertrauen ergriff mich. In der Schule störte sich niemand an meiner Veränderung. Lehrer nannten mich einfach ‚Punker-Walli'.
Die eigentlichen Probleme begannen, als ich zur Lehre ging. Ich sollte Fachverkäuferin für Autoersatzteile beim VEB IFA-Vertrieb werden. Zur theoretischen Ausbildung mußten wir in ein Internat nach Zschopau, die praktische Ausbildung fand im monatlichen Wechsel in einer Filiale in Berlin statt.
Der Monat im Internat war mir immer ein Greuel. Man hatte mich dort auf dem Kieker. Ich fühlte mich unverstanden und sehr allein. Oft blieben mir nur Fotos von zu Hause und mein kleines Tagebuch, dem ich in ziemlich naiver Form meine geheimsten Gedanken und Gefühle anvertraute. Jedes Wochenende fuhr ich nach Hause. Einmal öffneten meine ‚Zimmergefährtinnen' meinen Schrank und stahlen mein Tagebuch. Ich hatte es ausnahmsweise vergessen. Den Inhalt posaunten sie im gesamten Internat herum. Dann bekam die Heimleiterin das Büchlein in die Hände und übergab es an die dortige Volkspolizei.
Um meinen Gedanken Luft zu machen, schrieb ich kurze, gedichtartige Texte, von denen ich später die mit dem Titel ‚Anklage' und ‚Aufruf' als Flugblätter verteilte. Ich warf die Zettel in Hausbriefkästen, gab sie Freunden und Bekannten und steckte sie zum Schluß sogar in die Einkaufstüten meiner Kunden.
Kurze Zeit später wurde ich von meinem Bereichsleiter ins Büro gerufen: ‚Da sind zwei Herren von der Polizei, die wollen Sie sprechen.' Rasch zog ich mich um. Einer Kollegin im Umkleideraum fiel ich um den Hals: ‚Ich gehe jetzt in den Knast!'
Als ich die beiden Männer sah, wußte ich sofort: ‚Stasi!' Sie fuhren mit mir in das berüchtigte Untersuchungsgefängnis in der Keibelstraße, welches ich bereits bei früheren Festnahmen und Kontrollen kennen- und fürchtengelernt hatte.
Es folgten endlose Verhöre bis spät in die Nacht. Und immer dieselben Fragen: Wie viele Flugblätter haben Sie verteilt? Wer hat Ihnen dabei geholfen? Wie heißen Ihre Freunde? Man wollte nicht nur mich, man suchte nach einem Grund, gegen die ganze Punk-Szene vorgehen zu können.
Spät in der Nacht war ich völlig am Ende. Eine Polizistin durchsuchte mich, meine Kleidung, meinen Körper... Dann wurde ich in eine eiskalte Zelle gebracht.
Am nächsten Morgen sollte ich verlegt werden. Auf dem Hof stand ein Barkas-Transporter. Beim Einsteigen wurde ich darauf hingewiesen, daß bei Fluchtversuch von der Schußwaffe Gebrauch gemacht wird. In einer kleinen Zelle des Gefangenentransportwagens schaffte man mich in das Stasi-Gefängnis in Berlin-Pankow... hier blieb ich bis zum 4. März 1982.
Das Schlimmste war, daß ich meinen 17. Geburtstag im Knast feiern mußte. Ich fühlte mich absolut elend. Meine Zellengefährtin Bärbel gratulierte mir: ‚Ich kann dir leider nicht mehr schenken als dieses Stück Seife.'"

HA XX

Bezirksverwaltung
für Staatssicherheit Berlin
Abteilung XX/2

Berlin, 17.01.1982

ZMA	30436
SLK	612

BStU
000036

Eröffnungsbericht und Maßnahmeplan zum OV "Klage"

1. Sachverhalt

Durch einen bisher unbekannten Täter erfolgte im Zeitraum vom 6.11. - 22.12.1981 die Verbreitung maschinenschriftlichen Hetzmaterials im Bereich der Hauptstadt Berlin.

Im einzelnen wurden folgende Fundorte und Materialien bekannt:

- Freitag, 06.11.1981 – Fundzeit 17.30 Uhr
  1055 Berlin, Storkower Straße [redacted]
  Hausbriefkasten
  M. , Helga, [redacted]

- Freitag, 06.11.1981 – 1138 Berlin, Planitzstr. [redacted]
  Hausbriefkasten 2 Flugblätter
  S. , Doris
  geb. [redacted]

Text der Flugblätter siehe Anlage 1.

- Dienstag 22.12.1981 – Fundzeit 18.10 Uhr
  1195 Berlin, Köpenicker Landstr. [redacted]
  6 Flugblätter in den 6 vorhandenen Hausbriefkästen

Text der Flugblätter siehe Anlage 2.

2. Beweislage

Bisher wurden durch Bürger insgesamt 9 mittels Schreibmaschine im Durchschlagverfahren hergestellte Flugblätter sichergestellt. Die Schreibmaschine ist anhand der Beschädigungen und Deformierungen der Typen identifizierbar. Es handelt sich wahrscheinlich um eine Schreibmaschine der Fabrikate "Urania" oder "Groma" des Baujahres 1925/26.

An einem Flugblatt, das am Tatort Köpenicker Landstraße 142 ordnungsgemäß gesichert wurde, konnte der vermutliche Teilabdruck eines linken Daumens mit einem doppelschlingartigen oder doppelspiralförmigen Wirbelmuster gesichert werden. Dieser Abdruck ist für Identifizierungszwecke nicht, aber zum Ausschluß Tatverdächtiger geeignet.

Die im Format A5 vorliegenden Tatmaterialien wurden aus unliniertem Schreibpapier gefertigt. Zum Schreiben wurde schwarzes Durchschlagpapier verwendet.

Gen. Horbank - 29.3.83: Parallelbearbeitung des gleichen SV, OV. „Klage" und OV. „Punkt" - Entscheidung: Material des OV. „Klage" geht im OV. „Punkt" der BV Abt. XVIII auf.

Stasi-Apparat

Die auf den nächsten Seiten im vollen Wortlaut wiedergegebenen Maßnahmepläne des SED-Staatssicherheitsdienstes wegen einer handvoll Flugblätter – mit der Schreibmaschine geschrieben, noch nicht einmal gedruckt, „pazifistischen Inhalts" – zeigen, daß wegen solcher Lappalien ein Großeinsatz der Stasi-Genossen und ihrer Spitzel ausgelöst wurde. Bei 91 000 hauptamtlichen MfS-Mitarbeitern und ihren 173 000 Spitzeln konnten sich die Genossen eben einen solchen Aufwand leisten. Wen wundert es, daß die DDR auch daran zugrunde ging, daß so viele unproduktive Schmarotzer im Partei- und Staatsapparat unterhalten wurden.

Die im Format A 6 vorliegenden Tatmaterialien wurden von einem linierten Schreibblock im Format A 5 abgetrennt. Der Schreiber hat den Text in zwei Varianten geschrieben Der Text wurde jeweils zweimal auf ein Blatt gebracht, das danach geteilt wurde.
Zum Schreiben wurde schwarzes und violettes Durchschlag papier verwendet.

Die Überprüfung im Tat- und Vergleichsschriftenschrank der Abteilung XX sowie bei der HA XX/2 ergab keine weiteren zuzuordneten Materialien.

3. Versionen zum unbekannten Täter

Alle Materialien wurden von ein und derselben Person geschrieben.

- Täterpersönlichkeit

  Bei dem Schreiber handelt es sich um eine männliche Person im Alter von 16 bis 25 Jahre.
  Der Schreiber ist Anhänger der Punkmusik, bringt diese Haltung auch durch die äußere Erscheinung zum Ausdruck und verbringt seine Freizeit unter gleichgesinnten Jugendlichen.
  I-deologisch vertritt der Schreiber pazifistische Positionen, insbesondere die Forderung nach "voller Meinungsfreiheit für jeden" sowie das "Recht auf Zusammenschluß von Interessengemeinschaften".
  Der Täter besitzt bzw. hat Zugang zu einer Schreibmaschine der obengenannte Fabrikate. Er hat keine festen Kenntnisse im Maschinenschreiben.

- Version zu Wohn-, Arbeits- bzw. Aufenthaltsorten

  a) Der Täter hat berufliche oder private Beziehungen zu einem oder mehreren Tatorten.

  b) Er ist als Punkanhänger bereits negativ in Erscheinung getreten und in Unterlagen des MfS namentlich erfaßt.

  c) Der Schreiber ist 1963 bis 1956 geboren und als Wehrdienstverweigerer in den Stadtbezirken Prenzlauer berg, Marzahn und Treptow erfaßt.

  d) Der Schreiber arbeitet im Krankenhaus Kaulsdorf oder war am 6.11.1981 im Krankenhaus, um Verwandte oder Bekannte zu besuchen, die in der Storkower Straße 6 usw. Köpenicker Landstraße 142 wohnen.

4. Maßnahmen

   1. Selektierung aller in den Kreisdienststellen Prenzlauer berg, Marzahn, Treptow und Köpenick erfaßten Personen gemäß Version zur Täterpersönlichkeit.

2

BStU
000030

dienststellen Riesa, Olbernau und Wittenberge

Termin: 4. Februar 1982

Verantwortlich: Hauptmann Wilsdorf

7. Einleitung und Durchführung von Ermittlungen zur Überprüfung der Kontaktpartner der K. in der Hauptstadt durch IM der Operativgruppe Chemie

Termin: 10. Februar 1982

Verantwortlich: Oberleutnant Heidrich

8. Auswertung des Tagebuches der K. aus der BBS Zschkopau hinsichtlich der Kontakte zu kirchlichen Kreisen (Kuhlisch) sowie zur Botschaft der Sozialistischen Republik Jugoslawien und Fertigung von Operativ-Informationen an die Abteilungen II und XX der BV Berlin

Termin: 10. Februar 1982

Verantwortlich: Hauptmann Wilsdorf

9. Absprache mit den Abteilungen IX und XX zur weiteren Auswertung der Untersuchungsergebnisse zum OV "Punk", besonders hinsichtlich der Kontakte zu negativen Jugendlichen Kreisen in der Hauptstadt und anderen Bezirken der DDR, so kirchlichen Einrichtungen und zur Botschaft der SFRJ

Termin: 15. Februar 1982

Verantwortlich: Hauptmann Wilsdorf

10. Prüfung der Möglichkeiten der Kontaktierung der K. nach der Entlassung aus der U-Haft zur operativen Aufklärung und Bearbeitung von negativen Jugendlichen Gruppierungen im Rahmen des Verantwortungsbereiches der Abteilung XVIII

Termin: 10. März 1982

Verantwortlich: Hauptmann Wilsdorf

11. Ausarbeitung eines Sachstandsberichtes bzw. Abschlußberichtes zum OV "Punk"

Termin: 10. März 1982

Verantwortlich: Hauptmann Wilsdorf

Verteiler
OV "Punk"
Abteilung XVIII/1
Abteilung XVIII/AI, zweifach

Wilsdorf
Hauptmann

Für einen Außenstehenden mag der Verhaftungsgrund „pazifistische Schriften" bei der vor Friedensbeteuerungen triefenden DDR-Propaganda gegen die kriegslüsternen kapitalistischen Staaten unverständlich sein. Nach kommunistischer Auffassung ist jedoch der Pazifismus eine „bürgerliche bzw. kleinbürgerliche Strömung und Ideologie u. a. in kapitalistischen Ländern, die unter der Losung des Friedens um jeden Preis gegen alle Arten von Kriegen auftreten. Der Pazifismus läßt den Klassencharakter des Krieges unberücksichtigt und lehnt auch den gerechten Krieg – den revolutionären Krieg der fortschrittlichen Klassen wie auch den nationalen Befreiungskrieg – ab". Deshalb fiel im Unrechtsstaat DDR die Herstellung einer handvoll Flugblätter durch eine kleine Punkerin unter „Öffentliche Herabwürdigung" (§ 220 StGB) und wurde mit Gefängnis bestraft.

Diensteinheit BV Berlin/Abt. XVIII

Vertrauliche Dienstsache!

Berlin, den 27. 01. 1982

BStU
000004

Haftbeschluß

Der/Die

Name Kowalczyk Vorname Angela

Geburtstag und -ort 17.02.65/Berlin

Berufliche Tätigkeit Lehrling Familienstand ledig

Wohnungsanschrift 1195 Berlin, Erich-Lodemann-Str. 67

ist aus den unten angeführten Gründen in Haft zu nehmen.

Gründe der Inhaftierung gem. § 220 StGB
(einschließlich gesetzliche Bestimmungen, rechtlicher Einschätzung, Beweise, Voraussetzung für U-Haft gem. StPO)

Die o. g. Person stellte mittels Schreibmaschine pazifistisch orientierte Schriften her, verteilte sie in verschiedenen Stadtbezirken der Hauptstadt und übergab sie anderen Punkanhängern zur weiteren Verwendung.

Der Mitarbeiter ....
(Unterschrift)

Der Leiter der Abteilung/Kreisdienststelle ....
(Unterschrift)

Bestätigt 28.1.82
(Datum)
(Unterschrift)

Festgenommen am 27. 01. 1982

Festgenommen von Abt. XVIII
(Diensteinheit)

Von anderen Organen übergeben ....
(VP – NVA – befreundete Länder usw.)

Bisher erfaßt im Vorgang OV "Punk"
(Registriernummer)

01 a 377 474 20.0 (- p -)

richt Berlin-Treptow
erlin, Rinkartstraße 13

Aktenzeichen: 815 8 152.82

211-43-82

322

BStU
000410

Im Namen des Volkes!

In der Strafsache

gegen die Jugendliche Angela KOWALCZYK
geboren am 17.Februar 1965 in Berlin
wohnh. 1195 Berlin, Erich-Lodemann- Str.67
Staatsbürgerin der DDR, ledig, keine Kinder
-nicht vorbestraft-
in dieser Sache vom 28.1.82 bis 4.3.82 in
U-Haft gesessen.
PKZ: 17 02 65 83 00 11

wegen

Öffentlicher Herabwürdigung

hat die Strafkammer des Stadtbezirksgerichts Berlin-Treptow

in der Hauptverhandlung vom 20. Mai 1982 ... teilgenommen haben.

Richter Herr Hertam
als Vorsitzender

Frau Masse

Herr Berck
als Schöffen

Herr StA Siwert
als Staatsanwalt des Generalstaatsanwaltes von Berlin, Hauptstadt der DDR-

als Verteidiger
Frau RA Heidi Hoese

~~xxxxxxxxxxxxxxxxxxxxxxxxxxxxxxxxx~~ Verteidiger
J.A.Frau Faltinat
als Protokollführer

Stadtbezirksgericht Berlin-Treptow
Berlin, Rinkartstraße 13

für Recht erkannt:

1. Die Angeklagte wird wegen mehrfach begangener öffentlicher Herabwürdigung- Vergehen gem. §§ 220 Abs. 2. 63. 64. 35. 66.StGB- auf B E W Ä H R U N G verurteilt.

Die Bewährungszeit wird auf 2 - zwei - Jahre festgelegt.

Für den Fall von schuldhaften Verletzungen ihrer Bewährungspflichten wird eine Freiheitsstrafe von 1 - einem - Jahr angedroht.

Berlin-Treptow
Rinkartstraße 13

2. Gem.§ 56 Abs. 1 StGB werden die im Protokoll Bl.15 der Akte unter den Positionen 1-7 näher bezeichneten maschinen- und

Best.-Nr. 220 50 – Urteilsurschrift – I. Instanz (§ 245 StPO)
Vordruck-Leitverlag Osterwieck

Ag 305/ /DDR IV/27/13 0

Gestellte Spitzel (IM) des SED-Staatssicherheitsdienstes erklären in aller Regel, daß sie nichts getan und niemand geschädigt, allenfalls harmlose und ungefährliche Berichte geliefert hätten. Das ist in fast allen Fällen falsch, weil die Auswertung und „Zusammensetzung“ der Berichte von der Staatssicherheit zu kurz- oder langfristigen Folgen führten. Die nebenstehende Spitzelberichts-Auswertung zeigt die „Einkreisung“ der verdächtigen Punkerin und den ungeheuren Aufwand, den sich der völlig überbesetzte und hochbezahlte Apparat des SED-Staatssicherheitsdienstes leisten konnte.

Kreisdienststelle Treptow

Berlin, 19. März 1982
schz-pau

Bericht zum Treff mit dem IM-Kandidaten "[redacted]" am 17.3.82 in deren elterlichen Wohnung

Ausgehend vom ersten Gespräch am 11. 3. 82 sollte beim zweiten Treff folgende Zielstellung verfolgt werden:

1. Kontinuierliche Aufrechterhaltung der inoffiziellen Verbindung.

2. Weitere Bindung der Kandidatin an das MfS zur inoffiziellen Zusammenarbeit.

3. Überprüfung, inwieweit bereits das persönliche Engagement der Kandidatin zur Zusammenarbeit und Aufrechterhaltung der Verbindung vorhanden ist.

4. Abarbeitung der operativen Problematik "China" und Punker allgemein.

Der Treff konnte wie geplant durchgeführt werden. Die Kandidatin hatte sich auf den Treff vorbereitet und war im Gespräch unkompliziert und direkt auf die operative Aufgabenstellung eingegangen. Darin kommt das bereits vorhandene direkte Identifizieren und die vorhandene Bereitschaft zur Zusammenarbeit mit dem MfS zum Ausdruck.

Die Kandidatin berichtete über die Versuche, die Kowalczyk, Angela aufzusuchen und eine Verbindung zur ihr herzustellen. Dazu ist es noch nicht gekommen, da sie die K. zu Hause nicht angetroffen hat. Im weiteren Treffverlauf wurde gemeinsam mit der Kandidatin beraten, welche Möglichkeiten bestehen, Informationen zu möglichen negativ-feindlichen Aktivitäten unter den Punkern zu erarbeiten. Die Kandidatin ist der Auffassung, daß es ihr nicht möglich ist, wieder eine direkte Verbindung zu ihnen herzustellen und sich in den traditionellen Trefforten (Kriche, SB, Köp., Pionierpark) aufzuhalten. Die Punkerhatten sich von ihr distanziert, als sie seit Dezember 1981 durch Kleidung und Meinungsäußerungen ihre Abneigung zurDekadenz der Punk-Bewegung offen ausgesprochen hat. Gute Möglichkeiten,auch weiterhin unter der Punk-Bewegung in der Lage leben zu können, bestehen durch

- spontane Kontakte zu Bekannten und Anhängern der Punk-Bewegung

- Besuche Gaststätte "PW"

- bei Saisonbeginn Besuch im Kulturpark

- über die Kowalczyk, Angela.

In diesem Zusammenhang wurde nochmals grundsätzlich über den Charakter der Punkt-Bewegung und den Verhaltensweisen einzeln gesprochen.

Die politische Haft

Für jeden Mann oder jede Frau, die sich aus politischen Gründen plötzlich in der Haft wiederfand, war dies zunächst ein ungeheurer Schock, den die Vernehmer auszunutzen versucht haben. Die Herren in den Ledermänteln, die nur kurz ihren „Klappfix“, den Stasi-Ausweis, vorzeigten, fuhren den meist überraschend und unvorbereitet Verhafteten in ein Untersuchungsgefängnis, das dem nunmehrigen Untersuchungsgefangenen den Eindruck vermittelte, „lebendig begraben“ zu sein. Mit Absicht unterwegs auf der Straße oder bei einem fingierten Treffen in einer Verwaltung festgenommen, wurde dem Verhafteten jeglicher Kontakt, d.h. die Information der Familienangehörigen verweigert. Forderungen nach einem Anwalt konnte nur ein kurzes Lachen des Vernehmers hervorrufen. Die Vernehmungen liefen denn auch während der Nacht ab und dauerten Stunden. Am Tage durfte nicht geschlafen werden.

Für den Normalbürger war denn auch die Verwahrraum genannte Zelle ein bedrückendes Verlies: kein Fenster, sondern versetzte Glasbausteine, spärlichstes Mobiliar, oft für „bürgerliche Verhältnisse“ drekkige Decken und Bettzeug. Nachts „zur Kontrolle“ viertelstündiges Lichtanmachen in der Zelle, Brüllen des Wachtmeisters oder (bei Frauen) der „Wachtel“, wenn nicht beim Schlafen die Hände auf der Bettdecke lagen. Militaristische Tagesordnung mit Melden (unter der Wand mit den Glasbausteinen stehend) in strammer Haltung mit Zellen- und Häftlingsnummer. Bei der Führung zur Vernehmung vorbei an roten Signallampen in den Fluren, um ein zufälliges Zusammentreffen mit anderen Häftlingen zu vermeiden. Gegebenenfalls der strenge Befehl „Gesicht zur Wand!“. Nach dem Abschluß des Ermittlungsverfahrens wurde ein Verteidiger erlaubt, ein Anwalt aus einer Liste des Vernehmers. Man akzeptierte, um wenigstens indirekt mit den Angehörigen in Kontakt zu kommen. Die Wahl eines anderen wäre sowieso ein Glücksspiel gewesen, weil es in der DDR gerade ebensoviel Anwälte gab, wie in einer mittelgroßen westdeutschen Stadt.

Der Prozeß lief unter Ausschluß der Öffentlichkeit ab, auch wenn es manchmal nicht so schien, weil geladene MfS-Angehörige und gelegentlich auch linientreue Genossen die Plätze besetzten. Die Angehörigen durften nur zur Urteilsverkündung in den Saal, mußten ihn dann zur Urteilsbegründung wieder verlassen. Je nach der politischen Bedeutung des Falles wurde ein Szenario vorgegeben, auf das der zu Verurteilende mit Druck, Versprechungen oder auch unter Drogen einzugehen und in dem er mitzuspielen hatte. Sein sogenannter Verteidiger, den er manchmal erst kurz vor der Verhandlung kennenlernte, war sowieso nur Statist. Ebenso wie die Anklageschrift bekam der politische Häftling auch das schriftliche Urteil nur zum Ansehen, denn auch dieses war „geheim“.

Mit einem getarnten Kleinbus oder in einem Gefangenentransportwagen der Reichsbahn („Grotewohl-Express“) mit sehr engen Käfigabteilen wurde der nunmehrige Strafgefangene in meist stundenlanger Fahrt in eine „Strafvollzugseinrichtung“ gefahren, wie man die aus einer Mischung von Zuchthaus und Gefängnis bestehenden Haftanstalten nannte. Dort mußte sich jeder erst einmal nackend ausziehen, seine Zivilkleider abgeben, für die er – nach einer entwürdigenden Prozedur der Körperdurchsuchung – selten passende Sträflingskleidung bekam. Mit Decke und Waschzeug ging es dann in die Zelle. Man muß sich die „Verwahrräume" des sozialistischen Strafvollzugs nun nicht wie Zuchthauszellen US-Amerikas vorstellen, wie man sie aus den Fernsehkrimis kennt, oder wie die Verwahrräume der angeblich in Isolationshaft gehaltenen Terroristen in Westdeutschland. Nein – kein Fernseher, kein Radio, keine Schreibmaschine, kein Plattenspieler, keine eigenen Bücher oder eine Zeitschriftensammlung. Auch kein „Jetzt nicht", wenn man auf dem Klo saß und der Wachtmeister anklopfte. So komfortabel konnte man nicht im DDR-Knast leben. Nicht einmal eigene Bilder waren erlaubt oder gar Blumen. Man durfte auch nicht schreiben, so oft man wollte oder Pakete von den Angehörigen empfangen. Alles wurde nach Vorschrift reglementiert. Wer nicht genug in den Anstaltsbetrieben der „Volkseigenen Betriebe" arbeitete, durfte schon mal keinen Brief nach Hause schreiben oder kein Paket empfangen. Familienfotos durften mal behalten werden, mal wurden sie wieder abgenommen (es gab sogar die sozialistische Regel, daß der Häftling nur ein Bild in der Zelle haben durfte, so daß sich der Ehepartner mit den Kindern zusammen fotografieren lassen mußte ...). Es herrschte weitgehende Willkür. Und wenn es nicht schnell genug oder „richtig" lief, dann sauste auch der Gummiknüppel. Der militaristische Strafvollzug der DDR kannte eben keine Körperverletzung im Amt. Die Häftlinge hatten bedingungslos zu gehorchen, nach alter Kommißart ihre Betten nach Karomuster ausgerichtet zu bauen und den Spindinhalt so ausgerichtet in Ordnung zu halten, daß der nach Spießart auftretende Wachtmeister (oder die Wachtel) nicht den Inhalt ausräumen und Wäsche, Lebensmittel und Hygieneartikel durcheinander werfen mußte.

Viele Häftlinge haben noch das Kübelsystem kennengelernt: den in der Zelle stehenden, stinkenden Kübel für die Notdurft, den man, wenn's dem Wachtmeister so ankam, auch schon mal erst leeren durfte, wenn er voll war. Frauen litten besonders unter der erniedrigenden Haft, wenn sie z.B. die Wachtel um jede Binde fragen mußten. Auch hier gab es Planwirtschaft. Überhaupt sollte sich jeder einmal vorstellen, nie, auch bei den intimsten Verrichtungen allein zu sein: mehrere Klo-Becken standen meist ohne Schamwand in der Naß-Zelle, vor denen sich zwei, drei Meter weiter die anderen Mithäftlinge wuschen.

Schlimm war es besonders zu jenen Zeiten und in jenen Anstalten, in denen die politischen Häftlinge in der Minderheit und den Kriminellen ausgeliefert waren, die sowieso vom Anstaltspersonal die wenigen Häftlingsposten zugeteilt bekamen. Es sind Fälle nachweisbar, in denen die Kriminellen vom Anstaltspersonal aufgefordert wurden, es „denen" mal richtig zu zeigen.

„Arbeit macht frei" hieß es bei den Nazis, „Arbeit erzieht" bei den Kommunisten. Der Arbeitseinsatz in den Haftanstalten der DDR mit Normen und Vergünstigungsentzug war reine Fronarbeit. Mit dem Arbeitszwang sollten auch die politischen Gesetzesbrecher zu sozialistischen Menschen erzogen werden. Es ist wohl nie gelungen.

Quellen und weiterführende Literatur

Wer sich weiterhin mit dem Thema der politischen Verfolgung in der SBZ/DDR befassen oder sein Wissen zu dieser Thematik vertiefen will, kann aus der nachstehenden, nicht vollständigen Liste Erlebnisberichte und Dokumentationen entnehmen. Soweit die Titel nicht mehr im Buchhandel erhältlich sind, können sie in den öffentlichen Bibliotheken eingesehen oder ausgeliehen werden.

Agde, Günter	Sachsenhausen bei Berlin – Speziallager Nr. 7 – 1945–1950, Berlin 1994
Ahrens, Wilfried	Hilferufe von drüben – Die DDR vertreibt ihre Kinder, Huglfing 1978
Ammer, Thomas	Universität zwischen Demokratie und Diktatur – Ein Beitrag zur Nachkriegsgeschichte der Universität Rostock, Köln 1969
Baganz, André	Lebenslänglich Bautzen II – Als Farbiger in der DDR, Berlin/Bonn 1993
Bärwald, Helmut	Das Ostbüro der SPD, Krefeld 1991
Bath, Matthias	Gefangen und freigetauscht – 1197 Tage als Fluchthelfer in DDR-Haft, München/Wien 1981
Bautzen-Komitee (Hg)	Das gelbe Elend – Bautzenhäftlinge berichten 1945–1956, Bocholt 1992
Bechler, Margret	Warten auf Gerechtigkeit – Ein deutsches Schicksal, Berlin 1984
Beckert, Rudi	Die letzte Instanz – Schau- und Geheimprozesse vor dem Obersten Gericht der DDR, Goldbach 1995
Beckmann, Andreas / Kusch, Regina	Gott in Bautzen, Gefangenenseelsorge in der DDR, Berlin 1994
Bedau, Georg	Menschen im Regal – Szenischer Bericht, Worms 1961
Binski, Sigurd (Hg)	Zwischen Waldheim und Workuta – Erlebnisse politischer Häftlinge 1945–1965, Bonn 1967
Birkenfeld, Günther	Der NKWD-Staat, in: Der Monat, Berlin 1950
Bordihn, Peter	Bittere Jahre am Polarkreis – Als Sozialdemokrat in Stalins Lagern, Berlin 1990
Bouvier, Beatrix / Schulz, Horst-Peter (Hg)	. . . die SPD aber hat aufgehört zu existieren, Bonn 1991
Brandt, Heinz	Ein Traum, der nicht entführbar ist, München 1967
Broszat, Martin / Weber, Hermann (Hg)	SBZ-Handbuch – Staatliche Verwaltungen, Parteien, gesellschaftliche Organisationen und ihre Führungskräfte in der Sowjetischen Besatzungszone Deutschlands 1945–1949, München 1990
Brückner, Helmut	Gedichte, geschrieben in den Lagern Waldheim und Bautzen, Berlin 1954

Brundert, Willi	Es begann im Theater – Volksjustiz hinter dem Eisernen Vorhang, Berlin/Hannover 1958
Bundesministerium der Justiz	Im Namen des Volkes? – Über die Justiz im Staat der DDR, Leipzig 1994
Bundesministerium für gesamtdeutsche Fragen (Hg)	Unrecht als System (mehrere Dokumentationsbände), Bonn 1952/1958
Buschfort, Wolfgang	Das Ostbüro der SPD 1946–1958, München 1990
Dietz-Verlag	Dokumente 1956 – Zur Entlassung werden vorgeschlagen ... – SED und Stalinismus, Berlin 1991
Dust-Wiese, Alexandra	... und schreie in den Wind – Gedichte aus Hoheneck, Böblingen 1987
Eichler, Wolfgang	Ein Wort ging um in Buchenwald, Gütersloh 1957
Eisert, Wolfgang	Die Waldheimer Prozesse – Der stalinistische Terror 1950 – Ein dunkles Kapitel der DDR-Justiz, München 1993
Erler, Peter / Friedrich, Thomas	Das sowjetische Speziallager Nr. 3 Berlin Hohenschönhausen (Mai 1945 bis Oktober 1946), Berlin 1995
Ernst-Moritz-Arndt-Universität (Hg)	In memoriam Ernst Lohmeyer – Greifswalder Universitätsreden, Neue Folge Nr. 59, 1991
Faust, Siegmar	Ich will hier raus, Berlin 1983
Finn, Gerhard	Die politischen Häftlinge der Sowjetzone 1945 bis 1959, Pfaffenhofen, 1960, Reprint Köln 1989
Finn, Gerhard	Buchenwald 1936–1950 – Die Geschichte eines Lagers, Bonn 1985, Münstereifel 1988
Finn, Gerhard	Sachsenhausen 1936–1950 – Die Geschichte eines Lagers, Bonn 1985, Münstereifel 1988
Finn, Gerhard	Eingesperrt – ausgesperrt, Bonn 1985
Finn, Gerhard (Hg)	Die Frauen von Hoheneck – Protokoll einer Anhörung, Berlin/Bonn 1994
Finn, Gerhard	Die Speziallager der sowjetischen Besatzungsmacht 1945 bis 1950, in: Materialien der Enquête-Kommission „Aufarbeitung von Geschichte und Folgen der SED-Diktatur in Deutschland", hrsg. vom Deutschen Bundestag, Band IV, S. 337 ff, Baden-Baden 1995
Fischer, Ursula	Zum Schweigen verurteilt – denunziert – verhaftet – interniert 1945–1948, Berlin 1992
Flade, Hermann	Deutsche gegen Deutsche – Erlebnisbericht aus dem sowjetzonalen Zuchthaus, Freiburg 1963
Flocken, Jan / Klonovsky, Michael	Stalins Lager in Deutschland 1945–1950, Dokumentation, Zeugenberichte, Berlin 1991

Fricke, Karl Wilhelm — Warten auf Gerechtigkeit – Kommunistische Säuberungen und Rehabilitierungen, Köln 1971

Fricke, Karl Wilhelm — Politik und Justiz in der DDR – Zur Geschichte der politischen Verfolgung 1945–1968, Köln 1979

Fricke, Karl Wilhelm — Ein Mann namens Linse, Köln 1972

Friedrich-Ebert-Stiftung — Gerechtigkeit den Opfern der kommunistischen Diktatur, Schriftenreihe Bautzenforum, Leipzig

Fuchs, Jürgen — Vernehmungsprotokolle, Reinbek 1978

Fuchs, Jürgen — Gedächtnisprotokolle, Reinbek 1977

Furian, Gilbert — Der Richter und sein Lenker – Politische Justiz in der DDR, Berlin 1992

Furian, Gilbert — Mehl aus Mielkes Mühlen – Schicksale politisch Verurteilter, Berlin 1991

Grabe, Kurt — Vier Stationen in Rot, Hannover 1985

Graul, Elisabeth — Die Farce, Magdeburg 1991

Greve, Uwe — Lager des Grauens – Sowjetische KZs in der DDR nach 1945, Kiel 1990

Griese, Friedrich — Der Wind weht nicht, wohin er will – Erlebnisbericht eines Internierten aus Lagern der SBZ, Düsseldorf 1960

Haase, Norbert / Oleschinski, Brigitte (Hg) — Das Torgau-Tabu – Wehrmachtsstrafsystem, NKWD-Speziallager, DDR-Strafvollzug, Leipzig 1993

Hornstein, Erika — Staatsfeinde – Sieben Prozesse in der DDR, Köln/Berlin 1963

Hrdlicka, Manuela R. — Alltag im KZ – Das Lager Sachsenhausen bei Berlin, Opladen 1992

Janka, Walter — Schwierigkeiten mit der Wahrheit, Reinbek 1989

Just, Gustav — Zeuge in eigener Sache, Frankfurt 1990

Just, Hermann — Die sowjetischen Konzentrationslager auf deutschem Boden 1945–1950, Berlin 1952

Kaminski, Andrzej — Konzentrationslager 1896 bis heute, Stuttgart 1982

Kampfgruppe gegen Unmenschlichkeit — Hefte der Kampfgruppe, Nr. 3, November 1952

Kempowski, Walter — Ein Kapitel für sich, München/Wien 1975

Kessler, Horst-Günter / Miermeister, Jürgen — Vom „großen Knast“ ins „Paradies“ – DDR-Bürger in der Bundesrepublik – Lebensgeschichten, Reinbek 1983

Kilian, Achim — Einzuweisen zur völligen Isolierung – NKWD-Speziallager Mühlberg/Elbe 1945–1948, Leipzig 1992

Klein, Manfred — Jugend zwischen den Diktaturen 1945/56, Mainz 1968

Klotz, Ernst — So nah der Heimat – gefangen in Buchenwald, Bonn 1992

Knechtel, Rüdiger / Fiedler, Jürgen (Hg) — Stalins DDR – Berichte politisch Verfolgter, Leipzig 1991

Köpke, Horst / Wiese, Friedrich-Franz — Mein Vaterland ist die Freiheit – Das Schicksal des Studenten Arno Esch, Rostock 1990

Krüger, Dieter (Hg) — Fünfeichen 1945–1948 – Briefe Betroffener und Hinterbliebener, Neubrandenburg 1990

Krüger, Dieter / Finn, Gerhard — Mecklenburg-Vorpommern 1945 bis 1948 und das Lager Fünfeichen, Berlin 1991

Krüger, Dieter / Kühlbach, Egon — Schicksal Fünfeichen, Neubrandenburg 1991

Krüger, Waltraud — Ausreiseantrag – Sie nannten mich Nervensäge, Köln 1989

Kühlbach, Egon — Schicksal Fünfeichen, Teil II, Gefangene im NKWD/MWD-Lager Fünfeichen 1945 bis 1948, Neubrandenburg 1993

Kühle, Barbara / Titz, Wolfgang — Speziallager Nr. 7 Sachsenhausen 1945–1950, Berlin 1990

Kühn, Rainer — Konzentrationslager Sachsenhausen, Berlin 1989

Lochen, Hans-Hermann / Meyer-Seitz, Christian (Hg) — Die geheimen Anweisungen zur Diskriminierung Ausreisewilliger – Dokumente der Stasi und des Ministeriums des Innern, Köln 1992

Müller, Hanno (Hg) — Recht oder Rache – Buchenwald 1945–1950, Frankfurt (Main) 1991

Österreich, Tina — Ich war RF, Stuttgart 1977

Pförtner, Kurt / Natonek, Wolfgang — Ihr aber steht im Licht – Eine Dokumentation aus sowjetischem und sowjetzonalem Gewahrsam, Tübingen 1962

Preisinger, Adrian (Hg) — Todesfabriken der Kommunisten, Berg am See 1991

Prieß, Benno — Unschuldig in den Todeslagern des NKWD 1945 bis 1954 , Calw 1991

Range, Hans-Peter — Das Konzentrationslager Fünfeichen 1945–1948, Ratzeburg 1989

Rehlinger, Ludwig, A. — Freikauf – Die Geschäfte der DDR mit politisch Verfolgten 1963–1989, Frankfurt (Main) 1991

Richter, Michael — Die Ost-CDU 1948–1952, Zwischen Widerstand und Gleichschaltung, Düsseldorf 1990

Rieke, Dieter (Hg) — Sozialdemokraten im Kampf gegen die rote Diktatur unter Stalin und Ulbricht, Bonn 1990

Ritscher, Bodo — Spezlager Nr. 2 Buchenwald, Weimar-Buchenwald 1992/1995

Roeder, Bernhard — Der Katorgan – Traktat über moderne Sklaverei, Köln/Berlin 1956

Rottleuthner, Hubert (Hg) — Steuerung der Justiz in der DDR – Einflußnahme der Politik auf Richter, Staatsanwälte und Rechtsanwälte, Köln 1994

Schacht, Ulrich (Hg) — Hohenecker Protokolle – Aussagen zur Geschichte der politischen Verfolgung von Frauen in der DDR, Zürich 1984

Schmidt, Andreas — Leer-Jahre – Leben und Überleben im DDR-Gulag, Böblingen 1986

Scholmer, Joseph — Die Toten kehren zurück – Bericht eines Arztes aus Workuta, Berlin 1954

Scholz, Günther (Hg) Verfolgt – verhaftet – verurteilt. Demokraten im Widerstand gegen die rote Diktatur, Berlin/Bonn 1990

Schüler, Horst Workuta – Erinnerung ohne Angst, München 1993

Schuller, Wolfgang Geschichte und Struktur des politischen Strafrechts in der DDR bis 1968, Ebelsbach 1980

Seidel, Thomas A. Das Elend mit der Vergangenheit – Buchenwald 1937 bis 1950, Weimar 1990

Seifert, Uwe Fenster zur Welt – Jugendjahre im Schatten der Stasi, Böblingen 1990

Sonnet, André Bolschewismus nackt – Ein Kommunist erlebt sowjetisches KZ, Offenbach 1951

Taege, Herbert (Hg) Die Gefesselten – Deutsche Frauen in sowjetischen Konzentrationslagern, Lindhorst 1987

Thiemann, Ellen Stell dich mit den Schergen gut, München/Berlin 1984

Untersuchungsausschuß Freiheitlicher Juristen / Bund der Verfolgten des Nazi-Regimes / Kampfgruppe gegen Unmenschlichkeit Wir dürfen nicht schweigen – Streiflichter aus den politischen Haftanstalten der Sowjetzone, Düsseldorf/Berlin o. J. (1952)

Verband Deutscher Studentenschaften (Hg) Dokumentation des Terrors – Namen und Schicksale der seit 1945 in der sowjetisch besetzten Zone verhafteten und verschleppten Professoren und Studenten, Berlin 1962

Verband ehemaliger Rostocker Studenten (Hg) Namen und Schicksale der von 1945 bis 1962 in der SBZ/DDR verhafteten und verschleppten Professoren und Studenten, Dannenberg 1994

Voelkner, Hans und Rosemarie (Hg) Unschuldig in Stalins Hand – Briefe, Berichte, Notizen, Berlin 1990

Volker, Hagen Sibirien liegt in Deutschland, Berlin 1958

Vorstand der SPD Die einen sind im Dunkeln ... Jugend hinter Stacheldraht, Sopade-Informationsdienst, Hannover o. J. (1950)

Werkentin, Falco Politische Strafjustiz in der Ära Ulbricht, Berlin 1995

Wiese, Friedrich-Franz / Bernitt, Hartwig Arno Esch – Eine Dokumentation, Dannenberg 1994

Zschorsch, Gerald Glaubt bloß nicht, daß ich traurig bin, Frankfurt (Main) 1981